백기호 목사가 전하는
마르지 않는 샘

백기호 목사의 다른 책들:
동산의샘, 종려가지, 2025
생명의샘, 종려가지, 2025
깊음의샘, 종려가지, 2025
축복의원리 42, 종려가지, 2023
주님의 소리, 종려가지, 2023
복음의 소리, 종려가지, 2023
큰 나팔의 소리, 종려가지, 2023
탄식의 소리, 종려가지, 2022
세미한 소리, 종려가지, 2022
하늘의 소리, 종려가지, 2021
성령의 소리, 종려가지, 2021
광야의 소리, 종려가지, 2021
딱! 100일만 성령님과 동행합시다, 종려가지, 2020
바벨론과 새 예루살렘, 소리, 종려가지, 2019
보혜사의 축복을 받자, 종려가지, 2019
하나님의 예비하신 것, 종려가지, 2018
복음의 7대 연합, 7대 명절의 축복, 종려가지, 2018
매일 양식을 나누어 주는 자, 종려가지, 2018
성령의 나타남 10주제, 종려가지, 2018
이름 없이 빛도 없이

백기호 목사가 전하는 마르지않는 샘

1판 인쇄일 2025년 4월 10일
1쇄 발행일 2025년 4월 17일

지은이 _ 백기호
펴낸이 _ 한치호
펴낸곳 _ 종려가지
등 록 _ 제311- 2014000013호(2014. 3. 21)
주 소 _ 서울특별시 은평구 은평로 14길 9 - 5
전 화 _ 02. 359. 9657
디자인 _ 표지 이순옥/ 내지 구본일
제작대행 세줄기획(02.2265.3749)
영업(총판) 일오삼 전화_ 02. 964.6993 팩스 2208.0153

값 15,000 원

ISBN 979-11-992100-0-4

ⓒ 2025, 백기호 / 저자 연락처 010- 7362- 3593

잘못 만들어진 책은 구입하신 서점에서 바꾸어 드립니다. 책의 주문 및 영업에 대한 문의는 영업대행으로 해주십시오. 문서사역에 대한 질문은 010. 3738. 5307로 해주십시오.

예수보혈의 생수를 마심으로
성결과 거룩함을 입어
영생을 누릴 수 있는
주님의 순결한 신부가 되자

백기호 목사가 전하는

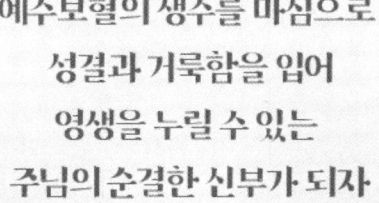
마르지 않는 샘

문서사역
|종|려|가|지|

머리말

마르지 않는 샘

시 1:3. 저는 시냇가에 심은 나무가 시절을 좇아 과실을 맺으며 그 잎사귀가 마르지 아니함 같으니 그 행사가 다 형통하리로다

풍요속에 빈곤. 영적 메마른 시대에서 작은 옹달샘 같이 성령의 신선한 샘이 되기를 바라며 또 한권의 책을 출판하게 하신 주님께 감사를 드립니다.

메마른 세상, 갈증에 지친 영혼들에게 시편 1:3은 마치 사막의 오아시스처럼 다가옵니다. "그는 시냇가에 심은 나무가 철을 따라 열매를 맺으며 그 잎사귀가 마르지 아니함 같으니 그가 하는 모든 일이 다 형통하리로다." 이 짧은 구절은 단순한 약속을 넘어, 영원한 생명의 샘으로 우리를 초대합니다.

1. 메마른 세상, 갈증에 지친 영혼:
현대 사회는 끊임없는 경쟁과 불안, 그리고 물질만능주의로 인해 많은 이들이 내면의 갈증을 느끼며 살아갑니다. 마치 메마른 땅처럼, 우리의 영혼은 진정한 만족과 평안을 갈망합니다.

2. 시냇가에 심은 나무, 영원한 생명의 샘:
시편 1:3은 이러한 갈증에 대한 해답을 제시합니다. 시냇가에 심은 나

무는 마르지 않는 샘에서 끊임없이 생명력을 공급받아 풍성한 열매를 맺습니다. 이는 마치 하나님의 말씀을 묵상하며 그분과 교제하는 삶을 통해 영원한 생명의 샘을 경험하는 것과 같습니다. 복음이 전파된 지 2000년이 흘러도 여전히 생명의 생명을 더하는 풍성한 복음입니다.

3. 철을 따라 열매를 맺는 삶:
시냇가에 심은 나무가 철을 따라 열매를 맺듯이, 하나님과 동행하는 삶은 때에 맞는 풍성한 결실을 가져옵니다. 이는 단순한 성공을 넘어, 하나님께서 주시는 참된 기쁨과 만족을 의미합니다.

4. 마르지 않는 잎사귀, 변치 않는 평안:
세상의 풍파 속에서도 마르지 않는 잎사귀처럼, 하나님과 함께하는 삶은 변치 않는 평안을 선사합니다. 이는 어떤 상황에서도 흔들리지 않는 견고한 믿음과 소망에서 비롯됩니다.

5. 형통한 삶, 하나님의 축복:
하나님과 동행하는 삶은 그분이 주시는 형통함으로 가득합니다. 이는 물질적인 풍요뿐만 아니라, 관계의 회복, 내면의 평화, 그리고 영원한 생명을 포함하는 전인적인 축복입니다.

6. 영원한 생명의 샘을 찾아서:
시편 1:3은 우리에게 영원한 생명의 샘을 향한 여정을 제시합니다. 이

여정은 하나님의 말씀을 묵상하고, 그분과 교제하며, 그분의 뜻에 순종하는 삶을 통해 완성됩니다.

이 머리말을 통해 독자들이 시편 1:3의 깊은 의미를 깨닫고, 영원한 생명의 샘을 찾아 하나님과 동행하는 삶을 시작하기를 소망합니다.

매일 만나의 양식을 통하여 항상 기뻐하고 쉬지 말고 기도하고 범사에 감사하기 주의 영을 따라 샘으로 하여금 결코 마르지 않도록

* **끊임없는 근원:**
  * 물질적인 자원, 지식, 영감, 사랑 등 어떤 것이든 고갈되지 않고 지속적으로 공급되는 근원을 의미합니다.

* **영원한 생명력:**
  * 생명, 희망, 열정 등이 끊임없이 샘솟는 것을 상징하며, 어려움 속에서도 좌절하지 않고 계속 나아갈 수 있는 힘을 나타냅니다.

* **성경적 의미:**
  * 기독교에서는 '결코 마르지 않는 샘'을 예수 그리스도 또는 하나님의 은혜로 표현하기도 합니다. 요한복음 4장 14절에서 예수님은 "내가 주는 물을 마시는 자는 영원히 목마르지 아니하리니 내가 주는 물은 그 속에서 영생하도록 솟아나는 샘물이 되리라"고 말씀하셨습니다.

이 표현은 문학 작품, 종교적인 가르침, 일상적인 대화 등 다양한 상황에서 사용될 수 있습니다.

이 마르지 않는 샘을 체험하고 오직 주님만이
나의 모든것이 되시는 축복의 통로로 사용되였으면 합니다.

강원도 평창에서

2025. 3. 10

지극히 작은 자보다 더 작은 자

백기호 목사

차 례

머리말 4

마르지 않는 샘 💧
– 구약 메시지

1. 마귀의 유혹에 넘어가는 하와」창 3:6 13
2. 꿈은 이루어진다」창 41:39 23
3. 추수 감사 주일」출 34:22~23 27
4. 오늘부터」신 2:25 32
5. 네 손에 있는 것」수 6:2 36
6. 온전한 신앙」수 14:14 40
7. 나를 건지소서」시 69:14~15 46
8. 재판장들 중에 판단하시는 주」시 82:1 50
9. 영감을 통한 승리하는 비결」시 104:27~28 55
10. 주의 이름으로 오는 자의 복」시 118:26 60
11. 지혜가 최고이다」잠 9:10 64
12. 일어나서 함께 가자」아 2:10,13 69
13. 침상의 사랑」아 3:1,4 75
14. 여호와의 산」사 2:2~3 83
15. 평강의 왕 예수 그리스도」사 9:6~7 86
16. 내 생각과 너희 생각」사 55:8~9 90
17. 일어나라 빛을 발하라」사 60:1 94

마르지 않는 샘
- 신약 메시지

1. 내게 와서 배우라」 마 11:29~30 101
2. 나에게는 오직 예수 그리스도」 마 17:8 105
3. 산 자의 하나님」 마 22:32 111
4. 온 백성에게 미칠 큰 기쁨의 좋은 소식」 눅 2:10~11 115
5. 죄를 사하는 권세」 눅 5:24 117
6. 올라갈 때와 내려올 때」 눅 19:4, 6 122
7. 기도는 모든 것을 여는 열쇠」 요 15:7 126
8. 나를 위해 오신 예수님」 요 17:2~3 133
9. 꿈을 꾸리라」 행 2:17 138
10. 성령을 선물로 받으라」 행 11:17 143
11. 기도와 찬미의 역사」 행 16:25~26 149
12. 성령을 따라 행하라」 롬 8:5~6 152
13. 내가 아니요. 하나님의 은혜로다」 고전 15:10 158
14. 예수 안에서 하나」 갈 3:28 161
15. 하나 되게 하시는 영」 엡 4:3 164
16. 지극히 높으신 예수」 빌 2:9~11 169
17. 영광을 얻을 자」 살후 2:13~14 174
18. 양심을 가지라」 딤전 4:2 180
19. 행함과 믿음」 약 2:17 184
20. 여러 가지 시험」 벧전 1:6~7 188
21. 떠난 자리가 아름다운 사람이 되라」 벧후 1:14~15 192
22. 십자가의 사랑」 요일 4:10~11 197
23. 이기는 자」 요일 5:5 203

백기호목사가 전하는

마르지않는 샘

구약 메시지

마귀의 유혹에 넘어가는 하와

창 3:6,
여자가 그 나무를 본즉 먹음직도 하고 보암직도 하고 지혜롭게 할 만큼 탐스럽기도 한 나무인지라 여자가 그 실과를 따먹고 자기와 함께한 남편에게도 주매 그도 먹은지라.

창세기 3장에는, 하나님께서 창조하신 인류가
타락하는 내용이 기록되어 있습니다.
그들이 어떻게 마귀의 유혹에 넘어가는지를 살펴보면서,
지금도 그 때와 똑같이 우리를 유혹하는 마귀를
어떻게 대처해야 하는지를 알아보도록 하겠습니다.

1절, 그런데 뱀은 여호와 하나님이 지으신 들짐승 중에 가장 간교하니라 뱀이 여자에게 물어 이르되 하나님이 참으로 너희에게 동산 모든 나무의 열매를 먹지 말라 하시더냐?

뱀은 하나님께서 지으신 들짐승 중에
가장 간교한 동물이라고 말씀합니다.
여기에서, 간교하다는 말의
원래 의미는 "참으로 지혜롭다."인데,
그 지혜를 나쁜 목적을 가지고 사용하니까

간교가 되어버리고 마는 것입니다.

뱀은 마귀가 아닙니다.
뱀은 마귀에게 이용당한 이용물인데,
뱀에게는 마귀가 이용할 수 있는 간교가 있어서
마귀가 뱀을 이용하였습니다.
우리에게는 마귀가 이용할 수 있는 게 없는지
부지런히 살펴서 결코 마귀가 우리를 이용하지 못하도록
항상 하나님 앞에서 정결한
삶을 살아가시기를 바랍니다.

뱀이 넘어뜨리려고 한 사람은
하와가 아니라 아담이었습니다.
왜냐하면 하나님과 언약을 맺은 사람은
하와가 아니라 아담이었기 때문입니다.
아담이 하나님과 맺은 언약을 깨뜨리면,
그 언약을 어긴 것, 즉 죄로 인한
모든 불행한 결과가 나타날 수 있기 때문입니다.

마귀는 아담을 넘어뜨리려는 그의 목적을 달성하려고
아담보다 훨씬 연약한 하와를 선택한 것입니다.
마귀는 지금도 영적으로 강한 자 보다는
약한 자를 선택해서 그를 먼저 넘어뜨리고,

그로 인하여 강한 자도 함께 넘어뜨리는
방법을 사용하고 있습니다.

마귀는 하와가 아담과 함께 있을 때
하와를 찾아가지 않았습니다.
하와가 아담과 떨어져서 혼자 있을 때
찾아가서 그녀를 유혹해서 넘어뜨렸습니다.
이와 같이 마귀는 우리가 다른 사람들과 함께 있을 때는
우리를 유혹하지 않습니다.
우리가 혼자 있을 때 유혹해서 죄를 범하게 만듭니다.
그래서 교회 공동체가 필요합니다.
될 수 있으면 기도하거나, 혼자 말씀을 읽고 묵상할 때 외에는
다른 믿음의 형제들과 함께 있는 것이
우리의 신앙에 유익한 줄 아시고,
늘 신앙의 공동체 안에 머물러
있으려고 노력하시기 바랍니다.

마귀는 하와가 선악과와 아주 멀리 떨어져 있을 때
하와를 찾아가지 않았습니다.
마귀는 하와가 선악과를 볼 수 있는
아주 가까운 거리에 있을 때
그녀를 찾아가서 그녀를 넘어뜨렸습니다.
그것은 지금도 마찬가지입니다.

우리가 죄 근처, 유혹할 수 있는 것들의 근처에 있을 때,
마귀는 그 죄를 적극적으로 이용해서
우리를 유혹해서 우리를 넘어뜨립니다.

요셉처럼 자기가 죄에 얼마나 취약한 지를 분명히 아시고,
어떻게 하든지 죄와 그 거리를 멀리하시기를 바랍니다.
그렇게 함으로써 죄가 우리를 넘어뜨리지 못하도록
자신을 단속하실 수 있기를 바랍니다.

뱀은 혼자 있는 하와를 찾아가서 이렇게 물었습니다.
"하나님이 참으로 너희에게 동산 모든 나무의 열매를 먹지 말라 하시더냐?"

하나님께서는 아담에게 동산에 있는
모든 나무의 열매는 다 먹을 수 있지만,
오직 하나, 선악과만 먹지 못하게 하셨습니다.

그런데 마귀는 그 말을 비틀어서 마치 하나님께서
동산 모든 나무의 열매를 먹지 말라고 말씀하신 것처럼,
하와가 하나님을 오해할 수 있는
빌미를 제공하였습니다.
마귀는 인간을 지극히 사랑하시고
아끼시는 하나님의 마음을, 하와가 의심하도록 하는
말을 하고 있다고 하는 것입니다.

바로 이것이 지금도 우리를 넘어뜨리는
마귀의 전형적인 방법입니다.
마귀는 지금도 하나님의 말씀을 비틀어서
우리에게 들려주고 보여줌으로써,
우리가 그 말씀을 오해할 수밖에 없도록
만든다고 하는 것입니다.
그런 설교, 그런 글들이 인터넷에 얼마나 많이
떠돌아다니는지 모릅니다.

우리는 무분별하게 설교나 글을 접해서는 안 되며,
가장 좋은 것은 자기 교회 담임목사님의 설교를 통하여
하나님의 말씀을 배우는 것입니다.
그리고 자기 교회에서 제공하는 성경공부에
적극적으로 참여해서 하나님의 말씀을
배우고 익히는 것이 가장 안전합니다.
그리고 시중에는 건전한 기독교 서적도
얼마든지 많이 있습니다.
그런 책들을 통해서도 우리는 얼마든지
우리가 알고 싶어 하는 건전한 성경 지식을
쌓아나갈 수 있습니다.
부디 하나님의 말씀을 읽고 들을 때 조심하셔서
마귀가 하나님의 말씀을 의심하도록 쳐놓은 그물에 걸려
넘어지지 않도록 하시기를 바랍니다.

2절, 여자가 뱀에게 말하되 동산 나무의 열매를 우리가 먹을 수 있으나

하와는 마귀가 들어가 있는 뱀이 던지는
질문에 대답하고 있습니다.
성경은 그럴 때, 어떻게 하라고 말씀하고 있습니까?
우리를 미혹하려는 사람이 접근해서
말을 걸어올 때, 성경은 어떻게 하라고
우리에게 가르쳐주고 있습니까?

요이 1:10, 누구든지 이 교훈을 가지지 않고 너희에게 나아가거든 그를 집에 들이지도 말고 인사도 하지 말라.

성경은 우리를 넘어뜨리기 위한 목적으로
우리에게 접근해서 말을 거는 사람이 있다면,
우리가 알고 있는 성경지식으로 그를 가르쳐주어서
그의 잘못된 성경지식을 고쳐주라고 말씀하지 않습니다.

그런 사람들은 아무리 정확한 성경말씀을 가르쳐주어도
절대로 그들의 생각을 바꾸지 않습니다.
그들과 같이 이야기하는 것은 시간낭비라고 합니다.
그리고 우리가 성경지식이 부족하면
그들에게 넘어갈 수도 있습니다.
그래서 성경은 그런 자들을 만나면
아예 처음부터 상종을 하지 말라고 말씀합니다.

그런데 하와는 자기를 넘어뜨리려고 와서
질문을 던지고 있는 뱀의 말에
고분고분 대답하고 있습니다.
그래서 하와는 넘어지고 만 것입니다.

3절, 동산 중앙에 있는 나무의 열매는 하나님의 말씀에 너희는 먹지도 말고 만지지도 말라. 너희가 죽을까 하노라 하셨느니라.

하나님께서는 분명히 아담에게 말씀하셨습니다.

창 2:16-여호와 하나님이 그 사람에게 명하여 이르시되 동산 각종 나무의 열매는 네가 임의로 먹되
17. 선악을 알게 하는 나무의 열매는 먹지 말라 네가 먹는 날에는 반드시 죽으리라 하시니라.

하나님께서는 분명히 아담에게,
"선악과를 먹지 말라 선악과를 먹으면 반드시 죽는다."고 하셨는데
하와는 먼저, "하나님께서 선악과를 먹지도 말고
만지지도 말라고 하셨다."고 하면서
하나님께서 말씀하시지도 않은 말을 자기 마음대로
하나님의 말씀에 더하는 잘못을 범했습니다.
그리고 "선악과를 먹으면 반드시 죽는다."고 하셨는데,
하와는, "하나님께서 선악과를 먹으면 죽을까 하노라."
고 말씀하셨다고 하면서
하나님의 말씀을 약화시켰습니다.

이것을 가리켜서 하나님의 말씀을 가감한다고 말하는데,
이와 같이 우리가 하나님의 말씀을
정확하게 전달하지 않고,
자기 마음대로 하나님의 말씀을 가감할 때
성령의 역사는 그런 우리를 떠나고,
그 대신에 마귀가 역사하게 될 것입니다.

어떤 경우에라도 하나님의 말씀을 우리 마음대로
가감하지 말고 있는 그대로 정확하게
전달하려고 노력하시기를 바랍니다.
성령님께서는 그런 우리의 노력을 보시고
하나님의 말씀을 정확하게 전달할 수 있도록
우리를 도와주실 것입니다.
하와가 하나님의 말씀에 대하여
견고하게 서 있지 못하고,
성경에 대한 분명한 확신 없이
흔들리고 있다는 사실을 확인한 마귀는
이제, 하나님의 말씀을 뿌리부터 흔들어버립니다.

4절, 뱀이 여자에게 이르되 너희가 결코 죽지 아니하리라.

하나님께서는 선악과를 먹으면 반드시
죽는다고 말씀하셨는데, 하와가 말씀에 견고하게
뿌리를 내리지 못한 것을 확인한 마귀는,

선악과를 먹어도 절대로 죽지 않는다고 하며
하나님의 말씀을 완전히 뒤집어 엎어버립니다.

지금까지는 그럴듯한 거짓말로 하와를 속였는데,
이제 마귀는 하나님의 말씀을 정면으로 거부하는
완벽한 거짓말로 하와를 속입니다.
우리도 말씀에 견고하게 뿌리를 내리지 못하면
이런 마귀의 거짓말에 넘어갈 수밖에 없음을 아시고
말씀을 읽고 공부하는 일에
많은 시간을 투자하시기를 바랍니다.
그 시간이 결코 낭비하는 시간이 아님을
하나님께서는 우리에게 보여주실 것입니다.

5절, 너희가 그것을 먹는 날에는 너희 눈이 밝아져 하나님과 같이 되어 선악을 알 줄 하나님이 아심이니라.

마귀는 이제 거짓말을 하는 데 아무 거침이 없습니다.
마귀는 처음에는 아주 조심성 있게
하와에게 접근했지만, 하와가 자기에게 넘어왔다는
확신을 굳히자 거침없이 거짓말로 하와를 속입니다.

하나님께서 창조하신 인간이 하나님처럼 되는 것이 두려워서
그들에게 선악과를 먹지 못하게 하셨다는 것입니다.
거짓말을 하실 수 없는 하나님께서

거짓말로 그들을 속이셨다는 것입니다.

하와는 그 마귀의 거짓말에 넘어가 버리고 맙니다.

이것이 계속해서 마귀의 말을 들은 사람의 결과입니다.

마귀가 처음부터 이런 새빨간 거짓말을 했다면

하와는 마귀를 의심하고 경계했을 것입니다.

마귀는 처음에, 참말인지 거짓말인지 구별할 수 없는

애매모호한 말로 우리에게 접근합니다.

그러다가 우리가 어느 정도 자기에게 넘어왔다 싶으면

그때부터 본격적으로 하나님의 말씀을 뒤집어엎는

거짓말을 하며, 그때는 우리도 하와처럼

그 말을 진짜로 받아들이고 넘어질 수밖에 없습니다.

하와가 넘어질 수밖에 없었던 근본적인 원인은

말씀에 견고한 뿌리를 내리지 못해서였습니다.

고후 11:4, 만일 누가 가서 우리의 전파하지 아니한 다른 예수를 전파하거나 혹 너희의 받지 아니한 다른 영을 받게 하거나 혹 너희의 받지 아니한 다른 복음을 받게 할 때에는 너희가 잘 용납하는구나

꿈은 이루어진다

창 41:39,
요셉에게 이르되 하나님이 이 모든 것을 네게 보이셨으니 너와 같이 명철하고 지혜 있는 자가 없도다.

요셉의 꿈은 하나님이 주신 꿈입니다.
요셉이 누구입니까?
하나님의 약속을 받은 사람입니다.
하나님께서는 요셉을 귀하게 쓰겠다고 약속하셨지만
요셉은 꿈을 꾼 후에, 시련이 시작되었습니다.

그의 나이 17세(창 37:2)

사 48:10, 보라 내가 너를 연단하였으나 은처럼 하지 아니하고 너를 고난의 풀무에서 택하였노라.

요셉은 고난과 시련 중에도
오직 주님만 바라보며 실족하지 않는
그리스도의 모습을 보여줍니다.

히 12:2, 믿음의 주요 또 온전케 하시는 이인 예수를 바라보자 저는 그 앞에 있는 즐거움을 위하여 십자가를 참으사 부끄러움을 개의치 아니하시더니 하나님

보좌 우편에 앉으셨느니라.

요셉이 당한 시련은 이미 아브라함에게 주어진
횃불 언약을 성취시키기 위한 하나님의 섭리였습니다.
사람은 하나님의 언약을 잊어버리지만
하나님은 우리를 잊어버리지 않으십니다.

29살까지 그의 인생은 반대로 흘러갔습니다.
스물아홉의 요셉은 옥에 있었습니다.
요셉이 자신을 소개했다면 이러했을 것입니다.
"저는 어머니가 네 명에 형제는 요셉을 포함해서 12명이었고,
아버지는 같지만 어머니가 달라서
형제들끼리 사이가 좋지 않았습니다.
어렸을 때 요셉은 아버지의 사랑을 독차지해
형들에게 시기를 많이 받았습니다.
시기한 형들은 미디안 상인들에게 저를 팔아 버렸습니다.
그 후에, 이집트로 끌려와서 보디발 대장의 집에
노예가 되었습니다. 거기서 정말 열심히 일을 했고,
그래서 인정을 받았습니다.
그런데 억울한 누명을 쓰고 이렇게 옥에 갇혔습니다.
술 맡은 관원장에게 억울함을 호소했고,
도와주겠다는 약속도 받았지만
아직 아무런 연락이 없습니다."

29세, 요셉의 인생은 소망이 보이지 않습니다.
정직하고 진실하게 살았는데
인생은 점점 더 비천해지고 비참해졌습니다.
그러나 요셉은 절망에 빠지지 않았습니다.
그는 하나님의 약속을 끝까지 믿었습니다.

인간의 머리로 미래를 예측하는 것은 불가능합니다.
미래의 모든 일은 하나님의 뜻대로 이루어집니다.
하나님께서는 하나님의 자녀 될 사람들을
미리 정하시고, 알맞은 때에 부르십니다.
부른 그들을 십자가의 은혜로 거룩하게 하시고
마침내 영화롭게 하십니다.(롬 8:30)

그리스도인들은 하나님의 이 복된 계획을 믿어야 합니다.
하나님의 계획을 믿는 사람은 자신의 미래를
함부로 판단하지 않습니다.
미래를 정확하게 아는 분은 하나님뿐입니다.
복되고 기쁜 날 하나님을 믿는 사람으로서
마음을 다하여 하나님을 신뢰하고
또 신뢰할 수 있기를 간절히 소망합니다.

존귀하신 하나님! 내 인생의 모든 것을
주관하시는 주심을 믿습니다.

나를 향한 하나님의 계획을 믿고 따르게 하옵소서.
복된 미래가 준비되어 있음을 믿고
어떤 상황에서도 소망을 잃지 않게 하옵소서.
예수 그리스도의 이름으로 기도합니다. 아멘

추수 감사 주일

출 34:22~23.
22. 칠칠절 곧 맥추의 초실절을 지키고 가을에는 수장절을 지키라
23. 너희 모든 남자는 매년 세 번씩 주 여호와 이스라엘의 하나님 앞에 보일지라.

1년 중에 세 가지 감사 절기
하나님께서 유대 백성들에게 1년 중에 세 가지로
감사 절기를 지키도록 명하셨습니다.

유월절(넘어가다)(과월절), (무교절)
(모세시대)(출 12 : 1~16)
하나님께서 애굽 사람들에게 9가지 재앙을 내리셨고
마지막으로 애굽의 모든 장자를 멸하는 재앙을 내릴 때
하나님께서 유대 백성들에게 이르시기를
어린양을 잡아 그의 피를 문설주에 뿌리라 하셨으며
죽음을 가져온 사자가 문설주에 어린양의 피를 볼 때
그 집을 그대로 넘어가게 하였습니다.
이는 장차 어린 양 되신 예수 그리스도의
십자가의 피를 믿는 자마다
죄와 사망의 법에서 구원받음을 예표하고 있도다.

맥추절(초실절, 칠칠절), (오순절, 성령강림절)

(여호수아 시대)(출 23:1~9, 민 28:26)

여호수아와 그 백성이 요단강을 건너가서
가나안족들을 모두 멸한 후에 곡식을 심어
봄에 수확하여 첫 곡식으로
하나님께 감사를 드렸습니다.

수장절(추수감사절), (초막절, 장막절)

(출 34:22, 신 16:23~17)

유대 백성들이 가나안 땅에서
가을에 오곡백과의 풍성한 수확을 거두어
하나님께 감사하는 절기입니다.
유대인들은 그들의 민족적 경험과
감사의 축제 전통에 따라서 가지고 있는
삼대 명절은 모두 감사절이었습니다.

유월절(Passover)은 민족해방에 대한 감사절로 기념하였고,
봄의 맥추절은 첫 열매의 수확에 대한 감사절이었습니다.
초막절(Tabernacles)은 1년 중 가장 큰 절기로서
가을에 모든 곡식과 올리브, 포도를 거두어들이는 명절로,
또한 선조들이 40년 동안 장막에서 살며
유랑하던 생활을 기념하는 절기이기도 합니다.

추수감사절의 유래: 수장절, 초막절, 장막절(신 16:13~17)
스위스의 개혁파교회에서는 9월에 지켰습니다.
영국은 8월 1일에, 라마스 날(Lammas Day)을
추수감사절로 지냅니다.
독일의 복음주의 교회는 성(聖) 미카엘의 날(9월 29일)
후의 일요일을 감사절로 지켰습니다.
미국의 감사절은 영국의 국교도들에 의하여 박해를 받던
청교도들이 대서양을 건너 미국에 들어가,
1621년부터 농사를 하여 첫 수학을 하여
추수감사절이 시작되었습니다.
온갖 역경을 겪고 첫 수확을 감사하며 지낸 감사절은
지방 행정관 브래드포드(Bradford,W.)가 언명하여 시작되었습니다.

1789년 11월 26일 워싱턴 대통령에 의하여 처음으로
국경일로 제정되었습니다.
1941년 의회에서 11월 넷째 목요일로 결정하였습니다.
- 캐나다에서는 10월 둘째 월요일로 지키고,
- 한국교회는 청교도들로부터 감사절의 영향을 받았습니다.
한국교회가 추수감사일을 결정한 것은
1908년 예수교장로회 제2회 대한노회에서
양력 11월 마지막 목요일로 정하였습니다.
그 뒤에, 1912년 조선예수교장로회 제1회 총회에서
감사일을 음력 10월 4일로 정하고

외국 전도를 위하여 강도하며 기도하고
특별히 연보하여 선교비에 충당하기로 하였습니다.

1914년 제3회 총회에서 감사일을 11월 셋째 주일 후 수요일로 정하였다. 이는 선교사가 한국에 처음 온 날을 기념하기로 한 것이었다. 그 뒤, 1921년 장로교와 감리교의 연합협의회에서 한국교회의 감사일을 매년 11월 둘째 주일 후 수요일에 기념하기로 결의한 것을 제10회 총회에서 채용하여 전국교회가 실시하였다.

현재는 11월 셋째 주일에 감사절을 지키고 있으나
범교파적으로 정해진 날은 없고,
대체로 미국교회의 감사절 전통에 따르는 경향을 보이고 있어,
우리의 민족적 역사 경험과 축제 전통에서
한국교회 감사절의 토착화가 시도되어
[추석을 감사절]로 지키는 교회가 생겨나고 있습니다.
우리의 모든 삶은 하나님께서 예수 그리스도의 십자가의 피로
구원하셔서 영생하는 생명을 주신 것과
우리의 삶을 위해 오곡백과를 풍성하게 주심은
우리에게 거저 주신 복이요 선물이기에
모든 것이 다 하나님의 은혜입니다.

하나님의 자녀는 첫 번째도 감사요
두 번째도 감사요, 세 번째도 감사의 삶입니다.

고전 10:3, 그런즉 너희가 먹든지 마시든지 무엇을 하든지 다 하나님께 영광을 돌리라

살전 5:16~18, 항상 기뻐하라, 쉬지 말고 기도하라 범사에 감사하라 이것이 그리스도 예수 안에서 너희를 향하신 하나님의 뜻이니라

골 2:7, 그 안에 뿌리를 박으며 세움을 입어 교훈을 받은 대로 믿음에 굳게 서서 감사함을 넘치게 하라

골 3:15-그리스도의 평강이 너희 마음을 주장하게 하라 평강을 위하여 너희가 한 몸으로 부르심을 받았나니 또한 너희는 감사하는 자가 되라
16. 그리스도의 말씀이 너희 속에 풍성히 거하여 모든 지혜로 피차 가르치며 권면하고 시와 찬미와 신령한 노래를 부르며 마음에 감사함으로 하나님을 찬양하고
17. 또 무엇을 하든지 말에나 일에나 다 주 예수의 이름으로 하고 그를 힘입어 하나님 아버지께 감사하라.

오늘부터

신 2:25,
오늘부터 내가 천하 만민으로 너를 무서워하며 너를 두려워하게 하리니 그들이 네 명성을 듣고 떨며 너로 인하여 근심하리라 하셨느니라.

오늘이라는 한 날은 주님이 주신 축복
지금, 지나가고 있는 이 시간을 놓치지 말고.
해야 할 일을 하고, 기회를 잡아
먹든지 마시든지 무엇을 하든지
주의 영광을 구하는 생활이 되어야 합니다.

학 2:15-이제 청컨대 너희는 오늘부터 이전 곧 여호와의 전에 돌이 돌 위에 놓이지 않았던 때를 추억하라
18. 너희는 오늘부터 이전을 추억하여 보라 구월 이십 사일 곧 여호와의 전 지대를 쌓던 날부터 추억하여 보라
19. 곡식 종자가 오히려 창고에 있느냐 포도나무, 무화과나무, 석류나무, 감람나무에 열매가 맺지 못하였었느니라 그러나 오늘부터는 내가 너희에게 복을 주리라.

오늘부터는 새날이 되고, 거듭남을 체험하게 하시고
새 생명으로 태어난 그 날부터
우리의 영적 나이가 시작되었습니다.

신령한 영적 사람입니다.

출 12:2, 이 달로 너희에게 달의 시작 곧 해의 첫 달이 되게 하고

하나님과 동행하며 매일의 생활이 천국이요
매일의 양식도 신령한 만나와 신령한 음료로,
말씀과 기도로 세상 사람들의 생활과는
전혀 다른 길, 좁은 길, 천국 길을
매일 기쁨으로 찬송하며, 승리하며,
진실하게 살아가게 됩니다.

수 3:7, 여호와께서 여호수아에게 이르시되 내가 오늘부터 시작하여 너를 온 이스라엘의 목전에서 크게 하여 내가 모세와 함께 있던 것같이 너와 함께 있는 것을 그들로 알게 하리라.

규례와 명령과 법도를 지키는 자가 복이 있습니다.
그 명령을 따라 사는 사람입니다.
그 명령은 무거운 짐이 아닙니다.

신 4:40, 오늘 내가 네게 명하는 여호와의 규례와 명령을 지키라 너와 네 후손이 복을 받아 네 하나님 여호와께서 네게 주시는 땅에서 한없이 오래 살리라.

선택의 기회가 나에게 있습니다. 평생을 믿음으로 살아 가나안 약속의 땅에서 축복을 누렸던 여호수아의 마지막 유언과 같은 설교요 부탁의 말씀은 오늘날 택하라.

수 24:15, 만일 여호와를 섬기는 것이 너희에게 좋지 않게 보이거든 너희 열조가 강 저편에서 섬기던 신이든지 혹 너희의 거하는 땅 아모리 사람의 신이든지 너희 섬길 자를 오늘날 택하라 오직 나와 내 집은 여호와를 섬기겠노라.

지체하지 않는 은혜 비록 더딜지라도 반드시 이루리라.

학 2:19, 곡식 종자가 오히려 창고에 있느냐 포도나무, 무화과나무, 석류나무, 감람나무에 열매가 맺지 못하였었느니라 그러나 오늘부터는 내가 너희에게 복을 주리라.

주님을 우리의 심령에 영접하여 나와 나의 집이
구원을 받아 아브라함의 믿음의 후손이 됩니다.

눅 19:9, 예수께서 이르시되 오늘 구원이 이 집에 이르렀으니 이 사람도 아브라함의 자손임이로다.

오늘, 우리가 호흡하는 순간순간이 기회입니다.
내일은 내 날이 아닙니다.
오늘을 미루고, 차차 미루고, 다음으로 미루다가
큰 화를 당하거나. 후회할 수밖에 없는 우매한 인생을,
어리석은 부자가 될 수 있습니다.

약 4:13-들으라 너희 중에 말하기를 오늘이나 내일이나 우리가 아무 도시에 가서 거기서 일 년을 유하며 장사하여 이를 보리라 하는 자들아
14. 내일 일을 너희가 알지 못하는도다 너희 생명이 무엇이뇨 너희는 잠깐 보이다가 없어지는 안개니라.

주님, 저는 오늘부터 모든 것을 버리고
일편단심 주님만을 사랑하겠습니다.

주님 위해 나는 살고,
주님 위해 일하며,
주님 위해 고생하며,
주님 위해 죽겠네.

네 손에 있는 것

수 6:2,
여호와께서 여호수아에게 이르시되 보라 내게 여리고와 그 왕과 용사들을 네 손에 넘겨 주었으니.

너는 내게 올 때 빈손으로 보이지 않도록 하라

출 23:15, 너는 무교병의 절기를 지키라 내가 네게 명한대로 아빕월의 정한 때에 칠일 동안 무교병을 먹을지니 이는 그 달에 네가 애굽에서 나왔음이라 빈 손으로 내게 보이지 말지니라.

길고 긴 광야 여정을 마치고 가나안에 들어와
난공불락의 여리고성의 앞에 선 이스라엘 백성들,
그리고 그동안 누구도 공격할 엄두를 내지 못한 성을
무너뜨리겠다며 구름 같이 둘러싼
이스라엘을 마주한 여리고 사람들,
한쪽은 맹렬한 공격을 해야 하고,
다른 한쪽은 빈틈없는 수비를 해야 하는
절체절명의 상황입니다.

네 손에 있는 것이 무엇이냐

출 4:2, 여호와께서 그에게 이르시되 네 손에 있는 것이 무엇이냐 그가 가로되 지팡이니이다.

모세의 손에, 애굽의 백성을 넘겨주신 것 같이
여호수아와 백성은 각각 반드시 해결해야 하는
커다란 문제에 직면했습니다.
여리고 성의 사람들은 성문을 굳게 닫았고,
성 밖으로 나가거나 성 안으로 들어왔습니다.(수 6:1)
그들은 성 안에 머물면서 자신들의 힘으로
어떻게든 '여리고 방어' 문제를 해결해 보려고 했습니다.
하지만 이스라엘 백성은 '여리고 정복'이라는 문제를
하나님의 능력을 힘입어 해결하고자 했습니다.

차례로 서서 성 주위를 돌고, 제사장들이 나팔을 불고,
일순간에 함성을 지르면
성이 무너질 것이라는 주님의 말씀은
사람의 생각으로는 납득하기 힘든 방법이었습니다.
하지만 여호수아는 하나님의 말씀을
있는 그대로 백성에게 전했고,
이를 철저하게 준비하고 실행했습니다.

문제의 해결을 위해 여호수아와 백성은
먼저 여리고를 주시겠다고 하신
하나님의 약속을 굳게 믿었습니다.

그리고 말씀 그대로 확실하게 행하며 따랐습니다.
그들의 함성에 성벽이 무너져 내리자
일제히 성으로 들어가서 점령했습니다.(수 6:20)

**여호수아와 백성은 '여리고'라는 문제를 보지 않고,
그 문제보다 크신 하나님을 바라보고 따라갔습니다**
담대한 믿음으로 하나님의 말씀을 가감 없이 실행하며
문제를 향해 전진했습니다.
지금 내 앞에 가로막은 여리고 성은 무엇입니까?
의심 없이 믿음의 발걸음을 내디딜 때
하나님이 주시는 승리를 얻을 수 있습니다.
복되고 기쁜 날 믿음의 눈으로
하나님을 바라볼 수 있기를 간절히 축복합니다.
새 일을 행하시는 하나님! ―
이스라엘 백성이 걸어간 길을 따라갈 수 있는
용기를 주시옵소서.

가나안 족속들의 키가 장대 같이 크고,
이스라엘의 백성은 메뚜기 같다 할지라도
크신 하나님만을 바라보고 강하고 담대한 믿음으로
전진 할 때 간담을 녹여서 이스라엘의 백성을
가나안 백성은 크게 보이게 하십시오.
제아무리 큰 문제를 마주할지라도

그보다 더 크신 하나님을 바라보게 하옵소서.

이스라엘처럼 담대한 믿음으로

삼상 17:40, 손에 막대기를 가지고 시내에서 매끄러운 돌 다섯을 골라서 자기 목자의 제구 곧 주머니에 넣고 손에 물매를 가지고 블레셋 사람에게로 나아가니라.

승리를 향해 전진해 나가게 하옵소서.
예수 그리스도의 이름으로 축복합니다.

온전한 신앙

수 14:14,
헤브론이 그니스 사람 여분네의 아들 갈렙의 기업이 되어 오늘날까지 이르렀으니 이는 그가 이스라엘의 하나님 여호와를 온전히 좇았음이며.

그니스 사람 여부레의 아들 갈렙은
하나님의 말씀을 즐거워하고, 온전히 따른 사람입니다.
온전히는 99%가 아니라 100% 부족함이 없게
완전히 순종한 믿음의 사람입니다.

천국 문 앞에서...당신의 삶의 점수는 지금 몇 점이나 될까?
평생 사는 동안 열심히 충성스럽게
신앙생활을 하던 어떤 한 사람이 죽어서
천국문 앞에 이르렀습니다.
그가, 천국문 안으로 들어가려 하는데
누가 불렀습니다. 그는 다름 아닌 사도 베드로였습니다.
"아, 잠깐만 기다리시오. 이곳을 통과하려면
약간의 절차를 거쳐야 합니다.
뭐, 복잡한 것은 아니고 당신이 일생 동안 살아온 것을
점수로 환산하여 1,000점이 되어야만 합니다.

그렇지 않으면 이곳에 들어올 수 없습니다."
"1,000점이라구요? 별로 대단한 것 같지는 않군요."
"자, 그럼 이제 점수에 보탬이 될 만한 말을 해보세요."
"저는 30년 동안이나 어떤 선교기관의 지도자였습니다. 그래서 많은 선교사를 해외로 파송했지요."
"아! 그래요? 정말 대단하군요. 1점입니다."

"네에? 1점이라구요? 그것밖에 안 됩니까? 이상하군요.
계속하지요. 저는 충실한 가장이었습니다.
한 여자와 결혼하여 무려 50년을
한 번도 싸우지 않고 같이 살았습니다.
그리고 아이들도 훌륭히 키웠습니다.
내 아이들은 지금 모두 목사, 교수 등
교계와 사회에서 존경받는 위치에 있습니다.
우리 가정은 늘 행복했답니다."
"정말입니까? 당신은 매우 훌륭하군요. 요즘에는 당신 같은
사람이 매우 드문데, 2점 가산입니다."
"네? 2점이라고요? 정말 모를 일이군요."

그는 벌써 땀을 뻘뻘 흘리며 긴장하고 있었습니다.
어서 1,000점을 만들어야 하는데 좀처럼 점수가
올라가지 않고 있었기 때문입니다.
조바심이 난 그는 계속 말을 이어갔습니다.

"저는 지난 70년 동안 한 번도 교회에 빠지지 않았습니다.
매일 새벽기도회에 참석했고,
주일에는 장년부 성경공부를 인도했어요."
"당신은 정말 모든 면에서 훌륭한 사람입니다.
또 1점 가산하지요."

베드로의 말에 그는 정신을 잃을 것 같았습니다.
어쩔 줄 몰라 하던 그는 한숨을 쉬며 이렇게 말했습니다.
"이제 겨우 4점이군요. 그런데 난 어떡하죠?
더 이상 점수에 보탬이 될 만한 말이 없는데
난 천국에 들어갈 만한 인격이 못되나 봅니다.
예수님, 나는 어떻게 하나요? 제발 이 죄인을
용서해 주세요! 예수님 밖에 없습니다.
내게 구원을 주실 이는 오직 주님이십니다.
주님, 나를 구원하여 주소서."
이 말을 마치자 베드로가 박수를 치며 말했습니다.
"자 이제야 당신은 1,000점을 얻었습니다.
들어가도 좋습니다."

그러자 그가 이상해서 베드로에게 물었습니다.
"어떻게 제가 1,000점을 얻었죠?"
베드로가 웃으며 대답했습니다.
"이 세상에 자신의 행한 일과 의와 공로로

구원받을 수 있는 사람은 아무도 없습니다.
그 비결은 바로 중보자이신 예수님만을 믿고
의지하는 자만이 천국에 들어갈 수 있습니다."

요 3:16, 하나님이 세상을 이처럼 사랑하사 독생자를 주셨으니 이는 저를 믿는 자마다 멸망하지 않고 영생을 얻게 하려 하심이니라.

롬 10:9-네가 만일 네 입으로 예수를 구주로 시인하며 또 하나님께서 그를 죽은 자 가운데서 살리신 것을 네 마음에 믿으면 구원을 얻으리니
11. 사람이 마음으로 믿어 의에 이르고 입으로 시인하여 구원에 이르느니라
13. 누구든지 주의 이름을 부르는 자는 구원을 얻으리라.

행위로 구원받은 것이 아니요 오직 믿음으로 의롭다함을 얻음이라.

롬 3:23, 모든 사람이 죄를 범하였으매 하나님의 영광에 이르지 못하더니.

롬 3:28, 그리스도 예수 안에 있는 속량으로 말미암아 하나님의 은혜로 값없이 의롭다 하심을 얻은 자 되었느니라.

그러므로 사람이 의롭다 하심을 얻는 것은 율법의 행위에 있지 않고 믿음으로 되는 줄 우리가 인정하노라.

롬 4:25, 예수는 우리 범죄함을 위하여 내어줌이 되고 또한 우리를 의롭다 하심을 위하여 살아나셨느니라.

아버지께로 갈 수 있는 단 하나의 길은

오직 예수님을 믿음으로 가는 길 뿐이라.

요 14:6, 예수께서 가라사대 내가 곧 길이요 진리요 생명이니 나로 말미암지 않고는 아버지께로 올 자가 없느니라.

딤후 4:18, 주께서 나를 모든 악한 일에서 건져 내시고 또 그의 천국에 들어가도록 구원하시리니 그에게 영광이 세세 무궁토록 있을지어다 아멘.

오, 주 예수여! 나는 죄인 중에 괴수입니다.
나를 불쌍히 여기시고 나에게 긍휼을 베푸소서.
주님의 거룩한 보혈로 내 죄를 깨끗하게 하시어
나를 죄악에서 구원하사 성결과 거룩하게 하심으로
의롭다 함을 얻게 하시고 하나님의 보좌 앞에 서는
영광에 이르게 하옵소서.
나의 구원자는 오직 나의 주 예수 그리스도 뿐입니다.

마 16:1, 주는 그리스도시요 살아계신 하나님의 아들이시니다.

이는 오직 성령의 도움으로 만이 가능합니다.
성령으로 하지 아니하고서는
예수를 주라 할 수 없기 때문입니다.
성령이 교회들에게 하시는 말씀을 들을지어다.
듣는 자는 살아납니다.

딤후 3:1, 이는 하나님의 사람으로 온전케 하며 모든 선한 일을 행하기에 온전

케 하려 함이니라.

주 예수님을 의지하는 것이 지혜요, 실력이요, 능력입니다.
주 예수여, 속히 오시옵소서. 아멘.

나를 건지소서

시 69:14~15.
14. 나를 수렁에서 건지사 빠지지 말게 하시고 나를 미워하는 자에게서와 깊은 물에서 건지소서
15. 큰 물이 나를 엄몰하거나 깊음이 나를 삼키지 못하게 하시며 웅덩이로 내 위에 그 입을 닫지 못하게 하소서.

우리 하나님은 자기를 기다리고 바라며
간절히 부르짖는 자에게 귀 기울이시고
응답하사 기가 막힐 웅덩이와 수렁에서 끌어 올리시며
내 발을 반석 위에 두시고, 내 걸음을 견고하게 하시도다
내 입에 새 노래를 두사 찬송하게 하시도다
나를 향한 하나님의 기적도 많고 나를 향하신
주의 생각도 많아 셀 수가 없나이다.
그러므로 이 큰 은혜를 입은 나는 마음을 다하여
주의 법을 사모하며 주의 복음의 기쁜 소식을
널리 전하며 살게 하소서.

날마다의 삶에서 간악한 죄악이 나를 덮치므로
내가 주를 우러러 볼 수 없고
내 죄가 머리털보다 많음으로 낙심되오니

오, 나의 주여! 내게 회개의 영을 충만히 부어 주사
마음을 찢고 중심으로 회개하게 하시고
수많은 재앙과 죄악 속에서
나를 온전히 구원하여 주소서….

21세기는 난민의 시대라고 말할 수 있습니다.
세계 곳곳에서 전쟁, 정치적 혼란,
혹은 빈곤으로 인해서 많은 난민이 발생했고
그들은 새롭게 정착할 곳을 찾아
떠도는 삶을 살고 있습니다.
다만 불행 중 다행이라면 이런 이들이 한 두 사람이 아니라서
그들을 돕고 정착시키는 것이 이슈가 되었고
많은 이가 그들을 돕고 있다는 것입니다.
특히 많은 선교사님들이 주의 말씀을 품고
그들에게 달려가 피난처를 제공하고,
주의 말씀으로 위로하고 있습니다.
이렇게 피난처도 없고, 도와줄 사람도 없는
절망 가운데 있는 이들을 둘러 감싸는 의인을
간절히 소망하는 이가 오늘의 시편을 기록했습니다.

다윗은 하나님께 속히 오셔서
자기의 부르짖음을 들어 주시기를 구합니다.
그는 자기의 기도를 저녁 제사와 같이 받아 주시고,

자기의 마음이 악한 일에 기울거나,
악인들과 함께 행하지 않도록
의인을 통해 책망하시도록 요청합니다.
다윗은 악인들이 자기를 잡으려고
올무와 악을 행하게 하는 함정을
그의 앞에 두었다고 고백합니다.
다윗은 자기를 아는 이도, 피난처도, 영혼을 돌보는 이도 없다고
느끼는 상황 속에서 하나님만 피난처이시며,
분깃이심을 노래하며,
하나님께 자신을 이 올무에서 피하게 하시고,
악인이 오히려 자기들이 친 그물에
걸리게 하시기를 구합니다.

고난 중에 위로

고후 1:5, 그리스도의 고난이 우리에게 넘친 것 같이 우리가 받은 위로도 그리스도로 말미암아 넘치는 도다.

어려운 시험에, 주님께 받을 상과 위로를 생각하며
주님은 반드시 우리에게 갚아주실 것을 믿음으로
나아가 세상에서 승리하는
값진 아름다운 삶을 주께 드리며 살지라.

롬 8:18, 현재의 고난은 장차 나타날 영광과 족히 비교할 수 없도다.

나의 간절한 소원의 기도

시 51:9-주의 얼굴을 내 죄에서 돌이키시고 내 모든 죄악을 지워 주소서
10. 하나님이여 내 속에 정한 마음을 창조하시고 내 안에 정직한 영을 새롭게 하소서
11. 나를 주 앞에서 쫓아내지 마시며 주의 성령을 내게서 거두지 마소서
12. 주의 구원의 즐거움을 내게 회복시켜 주시고 자원하는 심령을 주사 나를 붙드소서.

내 죄가 머리털보다 많사오니 나에게
성령으로 회개할 믿음과 마음을 주소서.
주여! 내 안에 살아 역사하시어 날마다 정결한
마음을 주시고 정직한 영을 늘 새롭게 하소서.

지금까지 지내온 모든 것이 은혜였습니다.
이 고백을 전심으로 올려드립니다.
이 진리가 나의 사랑하는 이들에게도
깨달아지기를 소원합니다.
하나님의 말씀을 마음에 두고 묵상하고 깨닫게 되기를…
그 누구보다 내 사랑하는 자녀들이…
이 말씀을 더욱 소중히 여기고 가까이하겠습니다!
말씀을 사모하여 말씀으로 이끌림을 소원하면서.

재판장들 중에 판단하시는 주

시 82:1, 하나님이 하나님의 회 가운데 서시며 재판장들 중에서 판단하시되.

시 82:8, 하나님이여 일어나사 세상을 심판하소서. 모든 나라가 주의 소유이기 때문이니이다.

하나님이시여 일어나소서. 당신께서는 이 땅을 심판하소서. 왜냐하면 당신께서 그 모든 나라들을 소유하실 것이기 때문입니다.(원문직역)

시편 82편은 재판장들에 대한 하나님의 심판의 말씀 찬양,
영원한 재판장이신 하나님께서는 이 세상에서
결정의 힘을 가진 재판장들을 심판하십니다.

재판장들은 사람을 보지 말고
위에 계시는 하나님을 두려워하는 가운데
공의로 정의로. 재판할 것을 말씀하십니다.

레 19:15, 너희는 재판할 때에 불의를 행치 말며 가난한 자의 편을 들지 말며 세력 있는 자라고 두호하지 말고 공의로 사람을 재판할 지며

옳고 그름을 따져 재판할 때는

하늘을 향해 한 점 부끄럼 없는 해야.

소리가 크다고 치우치지 말고, 숫자가 많다고 기울어지지 말고,

법률에 따라서 하되.

인류 역사상 가장 오래된 법은 하나님의 법,

여기에는 613조 항이 있는데

'하라'의 계명은 248개, '하지 말라'의 계명은 365개,

그리고 세부사항을 기록하고 있습니다.

법률의 구체적인 소송 사건을 해결하기 위하여

법원 또는 법관이 공권적 판단을 내리는 일,

또는 그 판단, 소송의 목적이 되는 사실의 성질에 따라

민사 재판, 형사 재판, 행정 재판의 세 가지가 있으며,

그 형식에 따라 판결, 결정, 명령을 선언합니다.

전 3:16, 내가 해 아래서 또 보건대 재판하는 곳에 악이 있고 공의를 행하는 곳에도 악이 있도다.

시 82:1, 하나님은 신들의 모임 가운데에 서시며 하나님은 그들 가운데에서 재판하시느니라.

유일한 입법자이시며 영원한 재판장이신

예수 그리스도께서 재림하셔서 심판하십니다.

시 82:8, 하나님이여 일어나사 세상을 심판하소서 모든 나라가 주의 소유이기 때문이니이다.

세상에서 결정의 힘을 가진 모든 사람들은
재판장의 위치에서 사는 사람들입니다.

시 82:6, 내가 말하기를 너희는 신들이며 다 지존자의 아들들이라 하였으나

결정의 힘을 가진 모든 사람들은?

첫째, 불의로 판단해서는 안 됩니다.
"너희가 불공평한 판단을 하며"(시 82:2상)

둘째, 악인들의 이익을 위하여 판단해서는 안 됩니다.
"악인의 낯 보기를 언제까지 하려느냐(셀라)"(시 82:2하)

셋째, 연약한 사람들을 의롭게 판단해야 하며
그들의 권리를 변호해 주어야 합니다.
"가난한 자와 고아를 위하여 판단하며 곤란한 자와 빈궁한 자에게 공의를 베풀지며"(시 82:3)

넷째, 연약한 사람들은 구해내고,
사악한 자들로부터 구출해야 합니다.
"가난한 자와 궁핍한 자를 구원하여 악인들의 손에서 건질지니라 하시는도다."(시 82:4)

다섯째, 바른 지식과 바른 지식에 근거한 삶을 살며,

바른 결정을 해야 합니다.

"그들은 알지도 못하고 깨닫지도 못하여 흑암 중에 왕래하니 땅의 모든 터가 흔들리도다"(시 82:5)

여섯째, 하나님으로부터 결정의 힘을 부여받은
존재라는 것을 알아야 합니다.
"내가 말하기를 너희는 신들이며 다 지존자의 아들들이라 하였으나"(시 82:6)

일곱째, 죽는 존재이며,
심판받는 존재임을 알아야 합니다.
"그러나 너희는 사람처럼 죽으며 고관의 하나 같이 넘어지리로다."(시 82:7)

유일한 입법자이시며 영원한 재판장이신
하나님께서는 결정의 힘을 가진 모든 사람들은
현세적 심판과 종말적 심판을 하십니다.

사 28:7, 이 유다 사람들도 포도주로 인하여 옆걸음 치며 독주로 인하여 비틀거리며 제사장과 선지자도 독주로 인하여 옆걸음 치며 포도주에 빠지며 독주로 인하여 비틀거리며 이상을 그릇 풀며 재판할때에 실수하나니

인생의 본분은 심판하시는 하나님을
선하고 거룩한 위치에서 두려워하고 경외하며
하나님 말씀에 순종하는 것입니다.

전 12:13, 일의 결국을 다 들었으니 하나님을 경외하고 그의 명령들을 지킬지어다 이것이 모든 사람의 본분이니라.

전 12:13~14, 하나님은 모든 행위와 모든 은밀한 일을 선악 간에 심판하시리라.

요한복음에서는 심판의 단어가 19번 기록되어 있습니다.
시편 82편은 심판하시는 하나님을 보여줍니다.

요 5:30, 내가 아무것도 스스로 할 수 없노라 듣는 대로 심판하노니 나는 나의 원대로 하려 하지 않고 나를 보내신 이의 원대로 하려는고로 내 심판은 의로우니라.

영감을 통한 승리하는 비결

시 104:27~28.
27. 이것들이 다 주께서 때를 따라 식물 주시기를 바라나이다
28. 주께서 주신즉 저희가 취하며 주께서 손을 펴신즉 저희가 좋은 것으로 만족하다가.

시각, 청각, 후각, 미각, 촉각, 오감, 오욕, 오성

인간은 오각 기관을 통해서 자신을 갈구합니다.
눈은 색욕을,
귀는 성욕을,
코는 향욕을,
혀는 미욕을,
몸은 촉욕을

색욕은 이성의 상대를 그리워하는 욕망,
사람은 언제나 이성을 그리워합니다.
남자는 여자를, 여자는 남자를.
겉으로는 무표정한 것 같지만
내면적으로는 자신도 모르는 사이에

언뜻언뜻 그런 생각을 하는 경우가 비일비재합니다.
이것이 색욕입니다.

성욕은 아름다운 소리를 듣고 싶어 하는 욕망,
아름다운 음악은 심신까지 편안하게 작용하여
그 영혼을 맑게 합니다.
그만큼 맑은소리는 귀를 즐겁게 하는 것만이 아니라
심신을 편안하게 녹여내므로
결국은 그로 인해서 다른 사람에게까지
편안함을 전달하는 영향력이 큽니다.

향욕은 향기로운 냄새를 맡고 싶은 욕망,
흐드러지게 피어 있는 꽃밭에서, 들꽃의,
질박하고 수수한 향기를 맡으면 기분이 상쾌해집니다.
사람은 누구나 그러한 향기를 맡고 싶어서 꽃을 찾습니다.
시각, 청각, 후각, 미각, 촉각, 오감.
누구나 그러한 향기를 맡고 싶어 하는
공통된 생각을 갖고 있습니다.
꽃을 싫어하는 사람은 없습니다.

미욕은 맛있는 음식을 먹고 싶은 욕망,
일반적으로 말하는 식욕에 해당 됩니다.
인간에게 가장 원초적 본능은 식욕입니다.

식욕이 사라지면 곧 사망입니다.

촉욕은 상대와 몸을 부딪치고 싶어하는 욕망,
다른 말로 목욕을 비롯하여 잠을 즐기고 싶다는
친해지기를 원하는 마음
피부를 통하여 서로를 이해하고
가까워지려는 것입니다.
눈으로 보는 것
입으로 보는 것
귀로 보는 것
코로 보는 것
손으로 만져보는 것

인간의 즐겁고 행복한 삶이란
눈이 즐거워야 한다.
귀가 즐거워야 한다.
코가 즐거워야 한다.
입이 즐거워야 한다.
몸이 즐거워야 한다.
오감으로 충족이 안 되고, 채워지지 않는 것이
인간의 불행의 시작입니다.

그러나 그리스도인들은 영적 신령한 은혜로

성령님과 교통하며, 체념합니다.
영감이 충만한 가운데,
항상 기뻐하라, 쉬지 말고 기도하라, 범사에 감사하라
이것이 이루어집니다.

로마서 8장에서, 7 가지 영
1. 생명의 영
2. 하나님의 영
3. 그리스도의 영
4. 살리는 영
5. 양자의 영
6. 감찰의 영
7. 탄식의 영

참 행복, 참 축복이란?
인간의 참 행복, 참 축복은 무엇일까요?
그것은 바로 창조주이신 하나님을 만나고
바르게 알며 그분과 함께 하는
임마누엘의 축복을 누리는 것입니다.
사람이 사람을 만나면 역사가 일어나지만
사람이 하나님을 만나면 기적이 일어납니다.
그 축복을 누리는 비밀이 바로 '예수 그리스도'입니다.
그 안에 하나님의 모든 것이 있고,
그 안에서 만복을 누릴 수 있습니다.

그러나 하나님을 떠난 자들은 성공을 위해서
악인의 꾀를 가지고 오만한 자의 자리를 향해
죄인의 길을 열심히 걸어갑니다.
그들의 길은 화려해 보이지만 그 길의 끝에서
그들은 바람에 나는 겨와 같이 멸망하고야 맙니다.(시 1:1~6)

하나님은 우리를 그리스도 안에서
영원한 축복을 가진 복 있는 자로 부르셨습니다.
시냇가에 심은 나무가 철을 따라 열매를 맺으며
그 잎사귀가 마르지 아니함 같이
그가 하는 일이 다 형통하게 됩니다.
복 있는 사람은 하나님의 말씀을 즐거워하고
그 말씀을 날마다 묵상하며
고백하고 순종하며 실천합니다.

내가 걸어가는 인생 길이 너무 힘들고 어렵다 할지라도
나와 함께하시는 하나님이 지팡이와 막대기로
나를 지키고 인도하심을 잊지 마십시오.(시 23:1~6)
당신 속에 있는 모든 근심과 걱정, 염려와 불신앙, 교만을 내려놓고
숨 쉬는 순간마다 모든 감각을
주님을 바라보는 것으로 고정되시기를 축복합니다.
믿음의 주요 또 온전케 하실 주 예수님을 바라보십시오.(히 12:2)

주의 이름으로 오는 자의 복

시 118:26,
여호와의 이름으로 오는 자가 복이 있음이여 우리가 여호와의 집에서 너희를 축복하였도다.

주님을 사랑하는 자는 교회를 가까이하며
교회 생활에 행복을 누리게 됩니다.

시 84:10-주의 궁정에서 한 날이 다른 곳에서 천 날보다 나은즉 악인의 장막에 거함보다 내 하나님 문지기로 있는 것이 좋사오니
11. 여호와 하나님은 해요 방패시라 여호와께서 은혜와 영화를 주시며 정직히 행하는 자에게 좋은 것을 아끼지 아니하실 것임이니이다
12. 만군의 여호와여 주께 의지하는 자는 복이 있나이다.

그들은 이같이 내 이름으로 이스라엘 자손에게 축복할지니 내가 그들에게 복을 주리라.(민 6:27)

축복의 말은 사람을 변화시키고 복되게 합니다.
이스라엘 자손도 축복의 말을 들었습니다.
이스라엘에게 복 주기를 원하신 하나님은
모세를 부르셨습니다. 그리고는 아론과 그의 아들들,

곧 제사장들로 하여금 이스라엘 자손을
축복하게 하라고 명령하셨습니다.
하나님께서 이스라엘에게 복을 주시고,
이스라엘을 지켜 주시며, 그들에게 은혜를 베푸시며,
평강 주기를 빌도록 하신 것입니다.

창 12:3, 너를 축복하는 자에게는 내가 복을 내리고 너를 저주하는 자에게는 내가 저주하리니 땅의 모든 족속이 너를 인하여 복을 얻을 것이니라 하신지라.

그렇게 하나님의 이름으로 축복할 때,
하나님께서 이스라엘 자손에게
복을 주겠다고 약속하셨습니다.
성도는 하나님께 왕 같은 제사장으로
부름 받은 사람입니다.(벧전 2:9)
하나님은 제사장인 우리에게 축복을 맡겨 주셨습니다.
하나님의 이름으로 축복할 때
복을 주신다고 분명히 약속하셨습니다.

벧전 3:9, 악을 악으로, 욕을 욕으로 갚지 말고 도리어 복을 빌라 이를 위하여 너희가 부르심을 입었으니 이는 복을 유업으로 받게 하려하심이라.

우리는 약속을 믿고 하나님의 이름으로
축복하는 삶을 살아야 합니다.
나의 배우자를, 자녀를, 함께 믿음의 길을 걸어가는

성도를 축복해야 합니다.
하나님을 알지 못하는 모든 이웃을, 더 나아가
원수를 향해서도 축복하여 그가 하나님을 알고,
구원을 받으며, 복을 누리도록 해야 합니다.
하나님의 약속을 믿고 축복할 때 하나님께서
약속하신 대로 이루실 것입니다.
최고의 축복은 바로 복음을 전하는 것입니다.
복되고 기쁜 날에 주저하지 말고
약속을 믿고 축복하여
하나님의 복이 임하게 하는 축복의 통로로
살아가기를 간절히 소망합니다.

축복은 백성의 지도자가,
왕이 백성에게 전쟁에서 싸워 이기고 돌아와서는
전리품을 백성에게 나누어주며 축복합니다.
가정에서는 아버지가 자녀들에게 임종시에
그 이름을 부르며 믿음의 유산을 넘겨주며 축복을 합니다.
아브라함이 이삭에게, 이삭이 야곱에게,
야곱이 열두 아들들에게 지팡이를 의지하며 축복했습니다.

우리에게도 신앙의 유산을 넘겨주도록 하신 하나님,
하나님의 택한 제사장으로 세워주셔서
축복의 통로로

살아가게 하심을 감사합니다.
하나님의 약속을 믿고 만나는 모든 이에게
적극적으로 축복하도록 도와주시고,
나를 통하여 많은 사람이 하나님을 알고
풍성한 하나님의 복과 은혜를 누리게 하옵소서.
예수 그리스도의 이름으로 기도합니다. 아멘

지혜가 최고이다

잠 9:10,
여호와를 경외하는 것이 지혜의 근본이요 거룩하신 자를 아는 것이 명철이니라.

명예보다 지혜를 구하라.
물질보다 지혜를 구하라.
지식보다 지혜를 구하라.
인기보다 지혜를 구하라.
권세보다 지혜를 구하라.
부귀보다 지혜를 구하라.
영화보다 지혜를 구하라.
장수보다 지혜를 구하라.
내 백성이 지혜가 없어서 망한다.

잠 4:7, 지혜가 제일이니 지혜를 얻으라 무릇 너의 얻은 것을 가져 명철을 얻을지니라.

남에게 속아 본 적이 있는가? 얼마나 어리석어서 속았나?
속이는 이는 나쁜 사람,
속는 이는 어리석고 우매한 자입니다.

그러나 자신에게 속고 있는 이들이 많이 모르고
착각하고 있으니 더욱 불행한 인생입니다.

고전 3:18, 아무도 자신을 속이지 말라 너희 중에 누구든지 이 세상에서 지혜 있는 줄로 생각하거든.

어리석은 자가 되십시오.
그리하여야 지혜로운 자가 됩니다.
세상의 지혜는 교만케 하는 것이기 때문입니다.

사람을 가리켜 만물의 영장이라고 합니다.
영장이라는 단어의 의미를 보면 '신령스럽고'
'기묘한 힘을' 가진 우두머리라는 뜻입니다.
그러나 인생을 보면 이 말에 동의하기가
쉽지 않습니다.
우리는 어디서 와서
어디로 가는지 알지 못해서 방황하고 헤맵니다.
오늘 무엇을 해야 할지, 누구와 만나야 할지,
심지어 무엇을 먹어야 할지 몰라서
고민할 때도 있습니다.
모든 것을 아는 듯이 행동하고 말하지만
모르는 것투성이인 게 인생입니다.
"아무도 자신을 속이지 말라."(고전 3:18)

참 지혜가 있는 자가 되려면 어떻게?

첫째, 지혜를 구해야 합니다.
지혜가 부족할 때 지혜를 구하면 후히 주시고
넘치게 주십니다.(약 1:5)

잠 4:7, 지혜가 제일이니 지혜를 얻으라 무릇 너의 얻은 것을 가져 명철을 얻을 지니라.

지식은 배워서 아는 것이요. 지혜는 그 배워서 아는 것을 사용할 수 있는 능력입니다. 지식을 잘못 사용하면 덫에 걸리고 시험에 빠지고 큰 낭패를 당하게 됩니다.

둘째, 겸손해야 합니다.
- 악에 대해서는 어리석은 자가 되라
그리하여야 지혜로운 자가 되리라.
이것은 타인을 존중하고 자기를 내세우지 않는 태도입니다.

롬 16:19, 너희 순종함이 모든 사람에게 들리는지라 그러므로 내가 너희를 인하여 기뻐하노니 너희가 선한데 지혜롭고 악한데 미련하기를 원하노라.

고전 1:20, 지혜 있는 자가 어디 있느뇨 선비가 어디 있느뇨 이 세대에 변사가 어디 있느뇨 하나님께서 이 세상의 지혜를 미련케 하신 것이 아니뇨.

셋째, 지혜를 배워야 합니다.

이것은 신령한 하나님의 지혜를 말합니다.

세상의 지혜 있다 하는 자들의 생각은 헛된 것이며,

죄에서 벗어나기 어렵습니다.

잠 9:9-지혜 있는 자에게 교훈을 더하라. 그가 더욱 지혜로워질 것이요 의로운 사람을 가르치라 그의 학식이 더하리라

10. 여호와를 경외하는 것이 지혜의 근본이요 거룩하신 자를 아는 것이 명철이니라.

잠 14:7-무릇 지혜로운 여인은 그 집을 세우되 미련한 여인은 자기 손으로 그것을 허느니라

8. 슬기로운 자의 지혜는 자기의 길을 아는 것이라도 미련한 자의 어리석음은 속이는 것이니라.

세상의 지혜는 세월이 흐르고 시대가 변하게 되면

그 역시 달라집니다. 때문에 자랑할 수가 없습니다.

잠 22:17, 너는 귀를 기울여 지혜 있는 자의 말씀을 들으며 내 지식에 마음을 둘지어다.

넷째, 하나님의 지혜를 믿어야 합니다.

하나님의 지혜를 믿기 시작하면

능력이 되고 지혜가 됩니다.

지혜자는 겸손한 마음과 배움의 자세로

하나님의 지혜를 믿는 사람입니다.

십자가 은혜를 체험하고 살아내는 사람이 지혜자입니다.

가득 찬 자아를 비우고 십자가로 채우는 은혜가
우리에게 있기를 간절히 소망합니다.

잠 24:3-집은 지혜로 말미암아 건축되고 명철로 말미암아 견고히 되며
5. 지혜 있는 자는 강하고 지식 있는 자는 힘을 더하나니
6. 너는 모략으로 싸우라 승리는 모사가 많음에 있느니라.

하나님! 세상의 헛된 지혜를 좇는 우리에게
참 지혜의 말씀을 주시니 감사합니다.
겸손히 하나님의 지혜를 배우고,
십자가의 능력으로 구원받게 하옵소서.
자아로 가득 찬 나 자신을 비우고
은혜로운 십자가로 채우며 살아가는
우리가 되게 하옵소서.

일어나서 함께 가자

아 2:10,13.
10. 나의 사랑하는 자가 내게 말하여 이르기를 나의 사랑 나의 어여쁜 자야 일어나서 함께 가자.
13. 무화과 나무에는 푸른 열매가 익었고 포도나무는 꽃이 피어 향기를 토하는구나 나의 사랑 나의 어여쁜 자야 일어나서 함께 가자.

오늘, 주님의 사랑을 받은 자로 함께 동행하는
즐겁고 행복한 하루가 되기를 기도합니다.
주님의 사랑과 은총을 크게 입은 자여,
일어나서 함께 가자. 우리 마음과 정성과 뜻 같이하여
오늘도 찬양하며 손에 손잡고 함께 가자.
저 영광의 나라, 우리 아버지 집으로.
영원 때 전부터 우리를 위해 예비 된 찬란한 영광의 나라,
우리를 기다리고 계신 사랑의 아버지의 보좌 앞,
주님의 영광의 보좌 앞으로.
사랑하는 자야! 우리 마음과 뜻 같이하여
기쁨으로 찬송하며 주의 발자취 따라 힘차게 함께 가자.

사랑하는 자야, 주님이 주신 믿음의 능력으로
날마다 힘차게 선한 싸움 잘 싸워

승리하며 함께 가자!
오늘도 또 내일도 손에 손을 잡고
강하고 담대한 믿음으로 한 걸음씩 함께 나아가자
우리가 가는 그곳은 눈물이 없는 곳,
질병도 전염병도 없는 곳,
가난도 배고픔도 없는 곳,
시험도 유혹도 거짓이 없는 곳,
고통과 핍박과 환난이 없는 곳, 간섭도 억압도 결박이 없는 곳
불법과 불의와 악이 없는 곳,
한숨도 슬픔도 아픔도 없는 곳,
배신도 모함도 사기도 없는 곳
시기도 질투도 다툼도 없는 곳,
고달픈 노동도 없는 곳,
두려움도 근심도 없는 곳,
차별도 외면당함이 없는 곳,
지난날의 기억도 잊혀 진 곳,
이 땅 위에 있는 것들이 하나도 없는 거룩한 나라,
어둠도 죽음도 없는 곳,
영원히 영생을 누리는 나라,
우리를 손꼽아 기다리신 사랑의 아버지 집으로
우리 함께 기쁘게 찬송하며,
힘차게 한 걸음씩 나아가자.

우리가 바라보고 가고 있는 그 나라는
생명만이 충만한 곳,
사랑만이 충만한 곳,
영광만이 충만한 곳,
감사와 기쁨이 충만한 곳,
영생의 즐거움이 충만한 곳,
경배와 찬송만이 있는 곳이라.
성곽의 기초석이 열두 보석으로 된 나라.
(벽옥, 남보석, 옥수, 녹보석, 홍마노, 홍보석, 황옥, 녹옥,
담황옥, 비취옥, 청옥, 자수정)
성벽이 벽옥으로 만들어진 나라.
동서남북 세 문씩, 열두 문이
한 문마다 한 진주로 된 나라.
모든 길이 먼지 하나 없는 유리바다와 같은
정금길로 된 나라.
생명강에 영생수가 넘쳐흘러 목마름 없는 곳,
생명 과일이 강 좌 우편에 달마다 새롭게 열려
영원히 배고픔이 없는 곳,

향기롭고 기묘한 꽃들이 온 땅에 만발한 곳,
아름다운 초목들이 푸르름 속에 울창한 곳,
어린아이들이 사자와 호랑이와 함께 즐겁게
장난치며 노는 곳,

가장 작은 자도 영광스럽고 존귀하여
하나님의 사랑을 받는 곳,
우리가 주님의 순결한
신부가 되어 주님의 거룩한 몸의 형체와 같이
새롭게 아름답게 창조되는 곳,

우리의 모든 소원이 온전히 다 이루어지는 곳,
그러므로 우리 모두가 함께 경배하며 찬미하며
천년이 하루 같이 지나가며 새롭게 새 생명으로
다시 태어나는 설렘에 모두가 거룩한 생명과
사랑으로 서로 화답하는 곳,
아름다운 꽃보다 더 사랑스런 영혼들이
거룩하게 성화 된 자신의 모습으로
빛나게 나타나는 곳,
한 몸처럼 사랑하며 서로를 기뻐하며
웃으며 바라보는 곳,
창세 전에 예비하신
신부에게 상속된 영광스런 주님의 나라.
수간과 공간과 물질을 초월하여 온전히 자유로운 곳,

지루함도 아쉬움도 없는 곳,
주님의 사랑의 깊이와 넓이와 길이와 높이에
이를 때까지 영원한 사랑의 나라로

영원히 쉼 없이 생명수 강물 흘러 흘러
영생하는 생명나무 무럭무럭 자라는 곳,
주님의 영광과 거룩함과 사랑이 충만함으로
한 몸 되는 이 큰 비밀이 완성되는 곳,
주님의 상에서 우리 모두 함께 앉아
한 상에서 먹고 마시는 황홀하고 영광스런 자리,

너 순결하고 어여쁜 주님의 신부야!
우리 기뻐하며, 찬양하며 함께 가자
창세 전에 예비하신 참 사랑의 나라로…
우리를 기다리시는 우리의 신랑 되신 주님 계신
그 나라로 주의 순결한 신부야 함께 가자.
우리를 세상에서 데러 가시려고 하나님의 큰 소리와
천사들의 나팔 소리와 함께 영광과 권세와 능력으로
심판주로 다시 오실 그때,

우리 모두 영광스런 몸으로 변화되어
들림받아 함께 혼인자리에서 기쁨으로 다 함께 얼싸안고 기뻐하며
춤추며 찬양하리라.
거룩하게 변화된 새 몸 입고,
희고 깨끗한 세마포 옷 입고,
주님의 사랑을 새 노래로
우리 영원히 함께 찬양하리라.

우리들을 반겨주실 주님의 사랑의 품 안으로
오늘도 내일도 한 걸음씩 기뻐 찬송하며 힘차게 달려가자.
사랑하는 자여! 그대 귓가에 지금 주님의
음성이 들리는가? 나의 사랑을 입은 자야!
어서 내 품으로 달려오렴! "나의 사랑하는 자야!
우리 손잡고 나의 낙원에서 기쁨 속에 즐겁게 함께 걷자!
주님께서 우리를 부르시는 청아한 이 음성이...
"나의 순결한 신부야! 어서 내 품으로 오렴"

우리 모두 하나님 보좌 앞에서 기쁨과 감격 속에서
함께 만나 춤추며 찬양하자.
우리 가족 영원히 거할 황금으로 아름답게 단장된 거처를
친히 예비하시려 먼저 하늘로 올라가신 주님.

"너희는 마음에 근심하지 말라 하나님을 믿으니 또 나를 믿으라 내 아버지 집에 거할 곳이 많도다 그렇지 않으면 너희에게 일렀으리라 내가 너희를 위하여 거처를 예비하러 가노니 가서 너희를 위하여 거처를 예비하면 내가 다시 와서 너희를 내게로 영접하여 나 있는 곳에 너희도 있게 하리라."(요 14:1~3)

우리의 처소를 예비하신 후에 다시 오셔서
우리를 영광의 집으로 이끌어 올리실
주님의 약속을 기다리며, 말씀으로 정절을 지켜
한 걸음씩 승리하며 찬송함으로 함께 나아가자.
주님 사랑의 품 안에 기쁨 중에 안길 때까지...

침상의 사랑

아 3:1,4,
1. 내가 밤에 침상에서 마음에 사랑하는 자를 찾았구나 찾아도 발견치 못하였구나
4. 그들을 떠나자마자 마음에 사랑하는 자를 만나서 그를 붙잡고 내 어미 집으로, 나를 잉태한 자의 방으로 가기까지 놓지 아니하였노라.

밤에 내 침상에서 나는 내 영혼이 사랑하는 자를 찾았다. 내가 그를 찾았다. 그러나 나는 발견하지 못했다.(원문 직역)

아가서 3장은 솔로몬 왕과 술람미 여인의 사랑의 꿈이
결혼으로 실현 되는 말씀입니다.

예수 그리스도의 몸 된 교회와 그 지체된 성도들은?

첫째, 신랑을 향한 신부의 사랑
교회의 머리이신 예수 그리스도를 주리고 목마른
심령으로 찾습니다.

아 3:1-내가 밤에 침상에서 마음으로 사랑하는 자를 찾았노라 찾아도 찾아내지 못하였노라

2. 이에 내가 일어나서 성 안을 돌아다니며 마음에 사랑하는 자를 거리에서나 큰 길에서나 찾으리라 하고 찾으나 만나지 못하였노라
3. 성 안을 순찰하는 자들을 만나서 묻기를 내 마음으로 사랑하는 자를 너희가 보았느냐 하고

둘째, 예수 그리스도와의 거룩한 사귐을 소중하게 여김

아 3:4-그들을 지나치자마자 마음에 사랑하는 자를 만나서 그를 붙잡고 내 어머니 집으로, 나를 잉태한 이의 방으로 가기까지 놓지 아니하였노라
5. 예루살렘 딸들아 내가 노루와 들사슴을 두고 너희에게 부탁한다 사랑하는 자가 원하기 전에는 흔들지 말고 깨우지 말지니라.

셋째, 세상에서 복음의 향기를 드러내고 전파함

아 3:6-몰약과 유향과 상인의 여러 가지 향품으로 향내 풍기며 연기 기둥처럼 거친 들에서 오는 자가 누구인가
7상. 볼지어다 솔로몬의 가마라.

교회의 머리이신 예수님은?

첫째. 성도를 향한 주님의 사랑
교회와 성도들을 보호하십니다.

아 3:7상-이스라엘 용사 중 육십 명이 둘러쌌는데
8. 다 칼을 잡고 싸움에 익숙한 사람들이라 밤의 두려움으로 말미암아 각기 허리에 칼을 찼느니라.

둘째, 교회와 성도들을 주님의 신부로 단장

아 3:9-솔로몬 왕이 레바논 나무로 자기의 가마를 만들었는데
10. 그 기둥은 은이요 바닥은 금이요 자리는 자색 깔개라 그 안에는 예루살렘 딸들의 사랑이 엮어져 있구나.

셋째, 왕 되신 예수 그리스도와 혼인
혼인 잔치에 참여시킵니다.

아 3:11, 시온의 딸들아 나와서 솔로몬 왕을 보라 혼인날 마음이 기쁠 때에 그의 어머니가 씌운 왕관이 그 머리에 있구나.

그리스도인들은 하나의 거룩한 공교회에 속한
바른 지교회의 지체가 되어서 그리스도의 신부로
더불어 함께 지어져 가는 사람들입니다.

계 21:1-또 내가 새 하늘과 새 땅을 보니 처음 하늘과 처음 땅이 없어졌고 바다도 다시 있지 않더라
2. 또 내가 보매 거룩한 성 새 예루살렘이 하나님께로부터 하늘에서 내려오니 그 준비한 것이 신부가 남편을 위하여 단장한 것 같더라.

햇빛을 받으며 포도원에서 성실하게 일함으로
비록 몸은 검으나 착하고 순결하기에
왕이 그토록 사랑하고 칭찬을 아끼지 않는 여자,
왕이 칭찬하시기를

너는 검으나 성실하고 순결하고 아름다워

내가 사랑스러워하는 술람미 여자라

너는 샤론의 수선화요, 엔게디 골짜기 가시밭의 백합화로구나

너는 가장 지혜로운 자요

왕의 따뜻한 사랑을 맛보아 경험한 여자요

사랑을 받을 줄도 알고 사랑을 줄 줄도 아는

지혜롭고 슬기로운 여자라 너의 향기는

목마른 자들을 위한 샤론의 수선화 같고

상처 입은 자들을 위로하기 위한 가시덤불에 찔린

백합화의 향기 같아여라

잘 보이지 않는 작은 가시는 있지만

향기 그윽한 장미꽃 같은 맛깔 나는 멋진 여자로다.

너를 만나는 사람들이 너의 온유하고 순수한

성품을 본받기를 좋아하고

너의 따뜻한 사랑에 감동 받고

너의 성실함을 칭찬함이라

너는 예루살렘의 아리따운 여자들이

모두 부러워하고 시기 질투하던 여자라

너를 만난 사람들이

가슴에 설레임을 느끼지 않는 사람이 없고

마음에 기쁨을 얻지 못한 사람이 없는

아름답고 우아하고 단아하고 품격 있는

고상한 멋진 여자라 너의 지혜는 슬기로워
앉고 일어설 때를 잘 알아 행동하며
주의 사랑으로 사랑할 때와 위로할 때를 알아 처신한다
너의 말은 은 쟁반에 금 사과 같이 아름답고
꿀송이에서 흘러나는 짙은 꿀 같이 달도다

너의 눈은 맑고 밝고 아름다워
모든 사물을 예리하게 주의 깊게 살펴보며
사람의 얼굴을 보며
마음까지 볼 수 있어 누가 고운 마음을 갖고 있으며
누가 삐뚤어진 마음을 갖고 있음을 아는
지혜롭고 총명스러운 눈을 가졌음이라
너의 뺨은 탐스럽게 익은 빨간 사과 같이 어여쁘고
너의 이빨은 잘 익은 석류알 같이 가즈런하고
희고 아름다워라
네 코는 쓴 맛과 단 맛을
구별 할 줄 알며 생김새는 큰 능성을
오르는 길목 같고 뭇 여자들이 부러워할
우뚝 솟은 근엄함이라

너의 두 손은 온종일 하루도 쉴 새 없이
네 자신과 가족들과 많은 이들을 위하여
고운 마음으로 따뜻하게 봉사하기에 여념이 없고

너의 두 발은 너의 손길과 사랑이
필요한 이들을 위하여 온종일 이곳저곳으로
뛰어다니기에 분주하며 웃는 자와 함께
기뻐하며 걸어가 주고 슬픈 자와 함께
슬퍼하며 눈물 닦아주고 위로하며 함께 걷는
참 좋은 길동무이구나

너의 마음은 가난한 자들을 깊이 생각하므로
안타까워하며 정성을 다하여 동정을 베풀고
슬픈 사연 있는 자를 따뜻한 가슴으로 품고
위로하며 사랑하는도다
목적지가 없이 갈 바를 모르고 살아가는 자들을 보며
예수 그리스도의 십자가의 보혈의 속죄와
구원의 은혜가 넘치는 생명의 길로 인도하는
안내자로서 유용한 자라
너는 누가 보아도 참으로 괜찮은
아름답고 멋진 여자라.
그대는 이 시대를 위하여 태어난 값진 보배롭고
순결한 주님의 아름다운 신부라.
너는 솔로몬 왕이 밤낮으로 찾아와 그토록 사모했던
날마다 포도밭에서 일하므로 검으나
아름답고 성실한 술람미 여인 같이 사랑받기 위해
존재라는 것을 알아야 합니다.

주여, 나에게도 술람미 여인처럼

주께서 심히 사랑하시도록 아름다운 마음과 성품과

순결한 사랑을 갖게 하시고 성실한 삶을 살게 하옵소서.

나는 만왕의 왕, 만주의 주께서

자신의 생명의 피로 값 주고 산 자요.

주님의 십자가 사랑을 영혼 깊이 맛보아 안 자요

날마다의 삶 속에서

찍히고 상처 입으면서도 그리스도의

향기를 뿜어내어 가정과 교회와 이웃과

이 나라에 그리스도의 푸른 계절이 오도록

성실하게 충성하는 주님의 선한 일꾼이요

오직 주님만 바라보고 오직 주님만 생각하며

정결함과 선행으로 단장한 주님의 기쁨이요

자랑스런 주님의 품 안에 기쁨으로 품기울 순결한 신부여라.

나는 날마다 순간마다 주님이 찾아오셔서

함께 걸으며 대화를 나누는

주님의 놀라운 사랑 받은

주님의 품속에 품기어 은혜 안에 살아가는 신부여라.

그러므로 나의 남은 삶을 생명 다하여

주님의 뜻을 이루며 주님의 몸 된 교회를 위해

죽도록 충성하며 착하고 의롭고 진실한 삶을 살며

주께서 기뻐하실 생명 구원의 열매를 맺으며

그리스도의 편지 되어 그리스도의 향기 되어
주의 사랑을 전하는 자 되어 만왕의 왕이요
만주의 주가 되시며 내 안에 함께 거하신
나의 신랑이 되신 예수 그리스도의
사랑과 칭찬을 받는 순결한 신부가 되어
주님 영광중에 다시 오실 그 날에
주님의 품 안에 고이 안기우고 싶어요.
그 날을 늘 기다리며, 그 날을 늘 사모하며,
그 날을 위해 준비하며, 값지게 충성하며 살리라.

여호와의 산

사 2:2~3,
2. 말일에 여호와의 전의 산이 모든 산 꼭대기에 굳게 설 것이요 모든 작은 산 위에 뛰어나리니 만방이 그리로 모여들 것이라
3. 많은 백성이 가며 이르기를 오라 우리가 여호와의 산에 오르며 야곱의 하나님의 전에 이르자 그가 그 도로 우리에게 가르치실 것이라 우리가 그 길로 행하리라 하리니 이는 율법이 시온에서부터 나올 것이요 여호와의 말씀이 예루살렘에서부터 나올 것임이니라.

아담은 동산에서 하나님을 만났습니다.
모세도 산에서 하나님을 대면했습니다.
노아도 산에서 하나님의 언약을 받았습니다.
아브라함도 산에서 신앙을 인정받았습니다.
예수님도 산에서 교훈하시고, 기도하시고,
구원을 완성하시고 승천하셨습니다.

1. 하나님을 만나는 거룩한 산

시 2:6, 내가 나의 왕을 내 거룩한 산 시온에 세웠다 하시리로다.

2. 하나님의 도움을 구하는 곳

시 121:1,
내가 산을 향하여 눈을 들리라 나의 도움이 어디서 올꼬
2. 나의 도움이 천지를 지으신 여호와에게서로다.

3. 하나님의 성전을 건축할 재료가 있는 곳

학 1:8, 너희는 산에 올라가서 나무를 가져다가 전을 건축하라 그리하면 내가 그로 인하여 기뻐하고 또 영광을 얻으리라 나 여호와가 말하였느니라.

4. 하나님 곁으로 가까이 가는 곳

출 3:1, 모세가 그 장인 미디안 제사장 이드로의 양무리를 치더니 그 무리를 광야 서편으로 인도하여 하나님의 산 호렙에 이르매

5. 신령한 교제, 코이노니아를 이루는 곳

출 4:27, 여호와께서 아론에게 이르시되 광야에 가서 모세를 맞으라 하시매 그가 가서 하나님의 산에서 모세를 만나 그에게 입맞추니

6. 기도하여 음성을 듣는 곳

마 14:23, 무리를 보내신 후에 기도하러 따로 산에 올라가시다 저물매 거기 혼자 계시더니

7. 응답을 받고, 제자들을 부르는 곳

막 3:13, 또 산에 오르사 자기의 원하는 자들을 부르시니 나아온지라.

8. 쉼을 얻는 곳

눅 21:37, 예수께서 낮이면 성전에서 가르치시고 밤이면 나가 감람원이라 하는 산에서 쉬시니.

평강의 왕 예수그리스도

사. 9:6~7,
6. 이는 [한 아기가 우리에게 났고 한 아들을 우리에게 주신 바 되었는데] 그의 어깨에는 정사를 메었고 그의 이름은 [기묘자라, 모사라, 전능하신 하나님이라, 영존하시는 아버지라, 평강의 왕이라] 할 것임이라
7. 그 정사와 평강의 더함이 무궁하며 또 다윗의 왕좌와 그의 나라에 군림하여 그 나라를 굳게 세우고 지금 이후로 [영원히 정의와 공의로 그것을 보존하실 것이라] [만군의 여호와의 열심이 이를 이루시리라].

하나님께서 이사야에게 메시야의 탄생을 예고하시고
천사에게 메시야의 탄생을 예고하시고
동정녀 마리아에게 이사야의 예언을 성취하셨도다.

처녀가 잉태하여 아들을 낳으리니 그 이름을
[임마누엘]이라 하리라.

사 7:14, 그러므로 주께서 친히 징조를 너희에게 주실 것이라 [보라 처녀가 잉태하여 아들을 낳을 것이요 그의 이름을 [임마누엘]이라 하리라.

천사를 통하여 예수님의 탄생을 예고하심

눅 1:30-천사가 이르되 마리아여 무서워하지 말라 네가 하나님께 은혜를 입었

느니라
31. 보라 네가 잉태하여 아들을 낳으리니

이름을 [예수]라 하라

눅 1:35, 천사가 대답하여 이르되 [성령이 네게 임하시고 지극히 높으신 이의 능력이 너를 덮으시리니] 이러므로 나실 바 거룩한 이는 [하나님의 아들]이라 일컬어지리라.

주의 사자가 요셉에게 현몽하다

마 1:20-(요셉이) 이 일을 생각할 때에 주의 사자가 현몽하여 이르되 다윗의 자손 요셉아 네 아내 마리아 데려오기를 무서워하지 말라 [그에게 잉태된 자는 성령으로 된 것이라]
21. 아들을 낳으리니 이름을 [예수]라 하라 이는 [그가 자기 백성을 그들의 죄에서 구원할 자이심이라] 하니라
22. 보라 [처녀가 잉태하여 아들을 낳을 것이요] 그의 이름은 [임마누엘이라] 하리라 하셨으니 이를 번역한즉 [하나님이 우리와 함께 계시다 함이라].

사 7:14, 그러므로 주께서 친히 징조로 너희에게 주실 것이라 보라 처녀가 잉태하여 아들을 낳을 것이요 그 이름을 임마누엘이라 하리라.

예수님의 탄생

눅 2:10-천사가 이르되 무서워하지 말라 보라 내가 온 백성에게 미칠 큰 기쁨의 좋은 소식을 너희에게 전하노라
11. 오늘 다윗의 동네에 너희를 위하여 [구주가 나셨으니 곧 그리스도 주]시니라

12. 너희가 가서 강보에 싸여 구유에 뉘어 있는 아기를 보리니 이것이 너희에게 표적이니라 하더니
13. 홀연히 수많은 천군이 그 천사들과 함께하나님을 찬송하여 이르되
14. [지극히 높은 곳에서는 하나님께 영광이요 땅에서는 하나님이 기뻐하신 사람들 중에 평화로다] 하니라.

예수를 영접하는 자는 하나님의 자녀가 되는 권세를 받음

요 1:9-참 빛 곧 세상에 와서 각 사람에게 비추는 빛이 있었나니
10. 그가 세상에 계셨으며 세상은 그로 말미암아 지은 바 되었으되 세상이 그를 알지 못하였고
11. 자기 땅에 오매 자기 백성이 영접하지 아니하였으나
12. [영접하는 자 곧 그 이름을 믿는 자들에게는 하나님의 자녀가 되는 권세]를 주셨으니
13. 이는 혈통으로나 육정으로나 사람의 뜻으로 나지 아니하고 [오직 하나님께로부터 난 자들이니라]
14. [말씀이 육신이 되어 우리 가운데 거하시매 우리가 그의 영광을 보니 아버지의 독생자의 영광이요 은혜와 진리가 충만하더라].

만 왕의 왕이시오, 만 주의 주시오, 인류의 구세주이신
주 예수 그리스도께서 이 세상에 오셨네
눈 내리던 추운 겨울 사관에 방도 없어
짐승들 똥 냄새나는 마굿간에서 탄생했네
무지한 인간들 알지 못했네
찾아오지도 관심도 없었네
찾아오는 이 동방박사 세 사람,
들에 양 치던 목자들, 몇 사람 뿐이었네

금년 성탄절에, 예수님은 어느 누구의
마음의 방에 오실까요?

만왕의 왕, 만주의 주되신 예수여,
죄와 허물이 많아 냄새나고 누추하지만
나를 지극히 사랑하신 그 크고 놀라운 은혜로
나의 마음의 방에 찾아 임하여 오시옵소서.
동방박사들처럼 무릎 꿇고 두 손 모아
감사하므로 경배를 드리며
이렇게 간절히 기도합니다.
아멘. 들에서 양을 치던 목자들처럼
천사의 음성을 듣고 기쁨으로 달려와
찬송하며 경배를 드립니다.

주 예수께서 지금
내 마음의 방에 오심을
마음과 정성과 뜻을 다 해
진심으로 환영합니다.
나에게 임하여 오사
이제와 영원히 나와 함께 계시옵소서.
나의 신랑으로 다시 오실
예수님께 마음을 엽니다.
곧 오셔서 나와 동행하시는
임마누엘의 되소서.

내 생각과 너희 생각

사 55:8~9.
8. 여호와의 말씀에 내 생각은 너희 생각과 다르며 내 길은 너희 길과 달라서
9. 하늘이 땅보다 높음같이 내 길은 너희 길보다 높으며 내 생각은 너희 생각보다 높으니라.

내일 일을 알 수 없고, 한 치 앞을 내다볼 수 없는
우리의 현실 속에서 인정하지 못하고
교만한 자신을 보게 됩니다.

어느 날, 문득 든 생각

나는 잘 한다고 하는데
- 그는 내가 잘못한다고 생각할 수도 있겠구나.
나는 겸손하다고 생각하는데
- 그는 나를 교만하다고 생각할 수도 있겠구나.
나는 그를 믿고 있는데
- 그는 자기가 의심받고 있다고 생각할 수도 있겠구나.
나는 사랑하고 있는데
- 그는 나의 사랑을 까마득히 모를 수도 있겠구나.

나는 고마워하고 있는데
- 그는 은혜를 모른다고 생각할 수도 있겠구나.
나는 떠나기 위해 일을 마무리하고 있는데,
- 그는 더 머물기 위해 애쓴다고 생각할 수도 있겠구나.
나는 아직 기다리고 있는데
- 그는 벌써 잊었다고 생각할 수도 있겠구나.
나는 이것이 옳다고 생각하는데
- 그는 저것이 옳다고 생각할 수도 있겠구나.

지구에 80억 인구가 같은 사람은 하나도 없듯이
생각의 맛이. 색깔이. 향기가. 저마다 깊이가. 크기가. 넓이가. 높이가
서로가 다르듯
내 이름과 그의 이름이 다르듯
내 하루와 그의 하루가 다르듯
서로의 생각이 다를 수도 있겠구나.

나이를 먹으면서 더욱 사람마다 생각이 다르다는 것을
많이 깨닫게 되지만
분명한 것은 사람마다 생각이 다를 수 있다는 것을
서로 인정할 때, 좋고 편안한 관계를 맺을 수 있습니다.
다른 것을 틀렸다고 확신하는 순간
상대방과의 관계는 더욱 어렵고 힘들게 되겠지만….

그러나 진리는 하나입니다!

창 1:1, 태초에 하나님이 천지를 창조 하시니라.

요 14:6, 예수님께서 가라사대 내가 곧 길이요 진리요 생명이니 나로 말미암지 않고는 아버지께로 올 자가 없느니라.

마 7:1-비판을 받지 아니하려거든 비판하지 말라
2. 너희의 비판하는 그 비판으로 너희가 비판을 받을 것이요 너희의 헤아리는 그 헤아림으로 너희가 헤아림을 받을 것이니라
3. 어찌하여 형제의 눈 속에 있는 티는 보고 네 눈 속에 있는 들보는 깨닫지 못하느냐.
4. 보라 네 눈 속에 들보가 있는데 어찌하여 형제에게 말하기를 나로 네 눈 속에 있는 티를 빼게 하라 하겠느냐
5. 외식하는 자여 먼저 네 눈 속에서 들보를 빼어라 그 후에야 밝히 보고 형제의 눈 속에서 티를 빼리라.

내 생각이 다 옳은 것만은 아니다.
너무나도 단순한,
내가 계획한 것이 다 좋은 것만은 아니다.
편견의 생각이 착각을 만들고 착각이 착각을 만든다.
일상생활에서 얼마나 많은 오해. 오류를 범하고 살아가는가?

롬 8:5- 육신을 좇는 자는 육신의 일을 영을 좇는 자는 영의 일을 생각하나니
6. 육신의 생각은 사망이요 영의 생각은 생명과 평안이니라
7. 육신의 생각은 하나님과 원수가 되나니 이는 하나님의 법에 굴복치 아니할 뿐 아니라 할 수도 없음이라
8. 육신에 있는 자들은 하나님을 기쁘시게 할 수 없느니라.

우리의 모든 생각들을 성령이 지배하도록
성령의 감동 감화를 통해서
성화 되고. 정화되고. 영화롭게 되도록
성령의 인도를 쉬지 말고 구하는 삶이 되어야
실수하지 않고. 시험 들지 않고,
시험에 흔들리지 않게 됩니다.

고후 10:5, 모든 이론을 파하며 하나님 아는 것을 대적하여 높아진 것을 다 파하고 모든 생각을 사로잡아 그리스도에게 복종케 하니.

우리의 생각과 계획대로 일이 되지 않을 때에도
나의 걸음을 인도해 주시는 이가 여호와이심을 믿는다면,
두려워하거나 놀랄 필요가 없습니다.
'어떠한 경우에도 우리에게 가장 좋은 것을 주시는'
하나님의 '놀라운 일들'을 기대할 수 있기 때문입니다.
오늘, 선한 양심을 가지고 믿음의 선한 싸움을 싸울 때
승리하게 되시기를 주님의 이름으로 축복합니다.

일어나라 빛을 발하라

사 60:1, 일어나라 빛을 발하라 이는 네 빛이 이르렀고 여호와의 영광이 네 위에 임하였음이니라.

어두운 죄악 세상에서 생명의 빛으로 나타날
그리스도인은 빛의 자녀

빛의 열매를 맺으며 어두운 세상에 빛 되게 밝게 살자

엡 5:8-너희가 전에는 어둠이더니 이제는 주 안에서 빛이라 빛의 자녀들처럼 행하라
9. 빛의 열매는 모든 착함과 의로움과 진실함에 있느니라.

주께서 주신 지혜와 계시의 성령으로
주의 영광을 위하여 기도한 마음으로
계획을 세우고 주님께 소원을 두고 기도한 것들이
때마다 일마다 순간마다 이루어져 주께 영광 돌리며
승리하며 이기는 자의 삶을 살게 하시기 위하여
부르심을 입은 사람들입니다.
주님의 부르심에는 후회하심이 없습니다.
반드시 이루리라

반드시 승리하도록 계획하셨습니다.

오늘 이 아침에도 변함없이 밝게 떠오르는 태양처럼
주의 영광의 광채가 심령 속에 찬란하게 비취어
은혜를 입은 자녀로서 가장 복된 자가 되어
주님이 기뻐하신 일들을 마음 깊이 생각하며
주께서 이루고자 하신 크고 놀라운 일들을
나를 통해 이룰 수 있는 존귀하고 영광된 자의
복된 삶을 살기를 소원합니다.

주님의 일을 날마다 능력 있게 이루는 자가 되자

요 14:12-내가 진실로 진실로 너희에게 이르노니 나를 믿는 자는 나의 하는 일을 저도 할 것이요 또 이보다 큰 것도 하리니 이는 내가 아버지께로 감이니라
13. 너희가 내 이름으로 무엇을 구하든지 내가 시행하리니 이는 아버지로 하여금 아들을 인하여 영광을 얻으시게 하려 함이라
14. 내 이름으로 무엇이든지 내게 구하면 내가 시행하리라
15. 너희가 나를 사랑하면 내 계명을 지키리라.

먼저 하나님께 마음을 다하고 성품을 다하고
뜻을 다하고 목숨을 다하여 감사와 찬양으로
경배드리며 또 이웃을 내 몸처럼 사랑하며
주께서 우리에게 주신 새 계명을 이루며
내 가정에서부터 내 교회와 이웃과
사회와 크게 난파당한 이 나라에 큰 영향을 끼치는

밝고 빛난 한해를 만들어 가는 삶을 살지라
만 왕의 왕, 만주의 주 되신 예수 그리스도여,

나의 죄와 허물로 가득한 나의 더러운 심령을
주님의 보혈로 깨끗이 씻어주시어
정결하게 성결하게 하사 내 속에 정한 마음과
정직한 영을 새롭게 하여 주소서.
성령을 충만하게 하시어 구원의 즐거움을 회복시켜 주소서.

시 51:10-하나님이여 내 속에 정한 마음을 창조하시고 내 안에 정직한 영을 새
롭게 하소서
11. 나를 주 앞에서 쫓아내지 마시며 주의 성령을 내게서 거두지 마소서
12. 주의 구원의 즐거움을 내게 회복시켜 주시고 자원하는 심령을 주사 나를
붙드소서
13. 그리하면 내가 범죄자에게 주의 도를 가르치리니 죄인들이 주께 돌아오리
이다.

말세지말을 살아가는 성도에게
주께서 능력과 권세로 혼돈과 무법이 된
우리 대한민국 위에 정의롭고 공정한
헌법 중심의 법치국가 바로 세워지게 하시고
또 저 북녘 흑암의 동토의 땅에도
성령의 역사와 복음의 능력으로 어두움의 영들과
불의하고 악한 무리들을 온전히 공의로 심판하여
그 자리에서 물리치시고

하나님의 사랑과 평화와 자유가 이루어져
온 세상에 하나님의 영광의 빛을 발하는
복된 나라와 민족이 되게 하여 주옵소서.

주께서 명하신 말씀을 따라 기도합시다

마 7:7-구하라 그리하면 너희에게 주실 것이요 찾으라 그리하면 찾을 것이요 문을 두드리라 그리하면 너희에게 열릴 것이니,
8. 구하는 이마다 얻을 것이요 찾는 이가 찾을 것이요 두드리는 이에게 열릴 것이니라.

택한 자를 위하여 모든 것들을 합력하여 선을 이루신
하나님의 역사하심을 믿고 주의 뜻을 기다리며
선한 싸움에서 승리하자

롬 8:28, 우리가 알거니와 하나님을 사랑하는 자 곧 그의 뜻대로 부르심을 입은 자들에게는 모든 것이 합력하여 선을 이루느니라.

소돔과 고모라보다 더 패역하고 부패하고
불의하고 악한 이 시대를 직시하여 보신 하나님께서
크게 노하여 진노하사 전쟁과 코로나바이러스로
온 세상을 징벌하셨으나
이제는 하나님의 사랑과 은혜로
그 진노를 거두어 주시어
불안과 공포 속에서 참된 자유를 얻게 하옵소서

이 나라에 정의와 헌법이 바로 세워지는
정직하고 공의가 강같이 흘러넘치는
주님이 다스리는 나라가 되기를 소원합니다.
이 나라에 자유와 평안과 번영이 이루어지는
거룩한 제사장 나라가 되게 하옵소서.

백기호목사가 전하는

마르지않는 샘

신약 메시지

내게 와서 배우라

마 11:29~30.
29. 나는 마음이 온유하고 겸손하니 나의 멍에를 메고 내게 배우라 그러면 너희 마음이 쉼을 얻으리니
30. 이는 내 멍에는 쉽고 내 짐은 가벼움이라 하시니라.

이 세상에 많은 학문과 교훈이 있지만
예수님이 가르쳐주신 것만큼 분명하고
우리 영혼과 육체에 양식이 되는 가르침은 없습니다.
그러므로 누구든지 주님께 나아가야 하고
주님의 발 앞에 앉아 겸손히 배워야 합니다.
이렇게 하려면 깊이 기도하면서
성경을 연구하고 배워야 합니다.

고전 11:1, 내가 그리스도를 본받는 자가 된 것 같이 너희는 나를 본 받는 자가 되라.

위대한 인물 뒤에는 대부분 훌륭한 스승이나
멘토가 있습니다. 헬렌 켈러 뒤에는
앤 슬리번이라는 위대한 스승의 가르침이
있었습니다. 예수님을 믿는 그리스도인인 우리는

예수님만이 우리의 완전한 스승이라는 사실을
깨닫고 예수님이 사역하셨던 모습을 보면서
그 분의 성품을 배워야 합니다.

예수님은 하나님의 아들로 성부 하나님과 동등하신
성자 하나님이십니다.
그런데 이 땅에 신성과 인성을 입고 친히 오셨습니다.
우리에게 완벽한 참 하나님인 동시에
참 인간의 모습을 보여주셨습니다.
예수님은 하나님으로서 당연한 권리와
특권을 누릴 수 있었지만 그 모든 것을
내려놓고 이 땅에 오셨습니다.
그리고 우리를 구원하셨습니다.

예수님께 무엇을 배워야 할까?

첫째, 온유함을 배워야 합니다.
모세는 이 땅의 모든 사람보다 온유하였습니다.
그리스도의 그림자, 모형의 삶을 살았습니다.
신앙생활은 예수님께 영향을 받아
내 삶의 방향을 하나님께로 정하여 전진하는 것이고
동시에, 나를 본받은 누군가가
하나님을 향하도록 살아가는 것입니다.

이 과정에 반드시 필요한 것이 온유함의 과정입니다.
온유함은 희랍어로 '프라오테스' 라고 합니다.
- 열이 올라서 얼굴이 뻘겋게 되었다가
그것이 진정되면 이것을 프라오테스라 합니다
- 흥분해서 땀을 뻘뻘 흘리다가
그것이 식어지면 프라오테스라 합니다.
- 사나운 짐승이 길들여지면
그것도 프라오테스라고 합니다.

성경에서는 하나님의 뜻에 길들여져서
그분께만 순종하는 자를 온유한 자라 합니다.

둘째, 예수님의 겸손을 배워야 합니다.
그는 겸손의 왕이십니다.
예수님이 이 땅에 오시기도 전에,
스가랴 선지자는 "겸손하여 나귀를 타고 예루살렘 성에 입성할 것"
을 예언하셨습니다.
하나님의 아들로서 이 땅에 오셨지만
아무도 그를 알아주지 않았습니다.
그렇게 30년 겸손하게 생활하시다가 공생애를
시작하셨습니다.
스가랴 선지자는, "겸손하여 나귀를 타고
예루살렘 성에 입성하실 것"을 예언하셨습니다.

셋째, 용서를 배워야 합니다.
예수님이 보여주신 위대한 능력이 바로 용서입니다.
이 용서 때문에 오늘 우리가 살아가고 있습니다.

엡 4:32, 서로 인자하게 하며 불쌍히 여기며 서로 용서하기를 하나님이 그리스도 안에서 너희를 용서하심과 같이 하라.

용서의 복음을 전하고 배워야 합니다.
주님은 이 땅에 영혼을 구원하기 위해 오셨습니다.
그래서 그 사역에 모든 힘을 쏟으셨습니다.
예수님만이 우리의 완전하고 영원하신
참다운 스승입니다.
예수님의 온유, 겸손, 용서, 영혼 구원의 열정을 배워서
주님의 제자가 되기를 간절히 소망합니다.

하나님, 우리의 영원하고 완전한 스승이신
예수님을 이 땅에 보내주심을 진심으로
감사합니다. 예수님의 성품을 본받아 진정한
예수님의 제자가 되게 하옵소서.
많은 영혼들을 예수님의 제자로 세우는 일에
더욱 힘쓰게 하옵소서.
예수 그리스도의 이름으로 기도합니다. 아멘.

나에게는 오직 예수 그리스도

마 17:8,
제자들이 눈을 들고 보매 오직 예수 외에는 아무도 보이지 아니하더라.

눅 9:36,
소리가 그치매 오직 예수만 보이시더라 제자들이 잠잠하여 그 본 것을 무엇이든지 그 때에는 아무에게도 이르지 아니하니라.

주님과 같이 내 마음 만지는 분은 없네
오랜 세월 찾아 난 알았네, 내겐 주 밖에 없네..
내 자신이 날마다 순간마다 저지른 잘못한 죄와
허물을 살펴볼 때, 너무나도 내 자신이 부끄럽고
초라하고 어이없고 한스러워 가슴을 치며
통회하며 울고 있을 때, 따뜻한 품으로
품어주신 이는 나의 구원자이신 주님뿐이었습니다

순간순간마다 믿음과 소망과 사랑에 대한
결단과 의지가 약하여 넘어지고 쓰러지는 나를,
강한 능력의 손으로 일으켜 세워주신 이는
오직 세상을 이기신 주님뿐이었습니다.
매일의 나의 삶이 태산같이 험하고 높고

바다 같이 풍랑 많고 내가 지고 가야 할 짐은
천금같이 무겁기만 하고 가시밭의 험난한 앞길이라
너무나 버겁고 힘이 들고 괴롭고 지치고 답답하여
아무 말조차 할 수 없을 때, 나를 크게 위로해 주시고
나에게 새 길과 새 일과 이길 힘을 주시는 이는
오직 주님뿐이었습니다.

너무나 연약한 나의 모습을
아무에게도 말하지 못하고 나의 모습에
자책하며 괴롭고 아픈 마음과
부끄러운 모습으로 주님 앞에 무릎을 꿇고
눈물로 회개할 때, 나를 위로해 주시고 일곱 번씩
일흔 번이라도 용서해 주시고 사랑해 주시는 이는
주님뿐이었습니다.
이 세상에 아무도 내 마음을
알아주는 이가 없고, 누구에게도 내 마음속에 담겨진
깊은 이야기를 털어놓지 못함을 안타까워할 때,
나의 마음을 알아주시는 이는 정한 마음을
창조해 주시고 정직한 영을 새롭게 해주시는
주님뿐이었습니다.

내가 어렵고 심히 힘이 들고
아무도 의지할 이가 내 곁에 없을 때에도,

나의 의지할 친구가 되어 주시고,
힘이 되어 주시는 이는 오직 주님뿐이었습니다.
나를 극진히 사랑하던 이도 떠나가고,
나와 친근한 사람들도 하나둘씩 내 곁을 떠나
아무도 내 곁에 남아 있지 않을 때에도,
영원히 변치 않는 사랑으로
나는 이 순간도 항상 네 곁에 있노라 하시고
내 손을 꼭 힘주어 잡아주시는 이는,
영원토록 동일하신 사랑의 근본이신 주님뿐이었습니다.

아무 능력도 없고, 잘하는 것도 별로 없는
너무나도 보잘것없는 처량한 내 모습에
가슴속 깊이 번민할 때에, 나에게 힘을 주시고
나를 특별한 나로 여기시고 지금 이 순간까지
십자가의 복음을 전하는 귀한 일에 사용해 주시는 이는,
세상에 모든 일들을 자기 뜻대로 이루시어
합력하여 선을 이루시는 주님뿐이었습니다.
내 마음이 심히 외롭고 공허하며 불안하고 초조하며
근심과 두려움이 엄습하여 안절부절 할 때에도,
내 마음에 세상이 줄 수 없는 참 평안을 주시는 이는
오직 나를 사랑하시며 함께 하시는 평화의 왕
주님뿐이었습니다

하는 일마다 거듭 실패뿐이요, 힘들고 어렵고 지쳐 있어
삶의 의욕을 상실한 채 자포자기 하고 싶은 때에도,
내가 너와 함께 있느니라 하시고
다시 일어날 수 있게 하시는 이는
내게 새 힘을 주시고
내게 새 일을 주시는 주님뿐입니다.
예기치 못한 질병으로 마음이 무너지고 순간순간 다가오는 심한 고통
속에서 인내력도 상실한
절박한 그 때에도, 내가 너를 치료하여
건져내리라 하시고 그 능하신 손길로
어루만져 치유하시고 회복시켜 주신 이는
오직 주님뿐이었습니다

빌 3:20, 오직 우리의 시민권은 하늘에 있는지라 거기로서 구원하는 자 곧 주 예수 그리스도를 기다리노니

마음이 어둡고 생각이 어두워지고 생명이 풍전등화와 같아 가야할 길을 잃고 방황할 그 때에도,
나는 길이요 진리요 생명이라 하시고
지치어 쓰러질 듯 가는 내 앞 길에 광명한 밝은
빛을 비춰 주신 이는 오직 참 생명의 빛 되신
주님뿐이었습니다.
오, 주여, 나는 죄인 중에 괴수입니다.
내가 연약하여 죄인 줄 알면서도

매일 범한 고범죄와

죄인 줄 모르고 부지중에 지은 죄가

나의 머리털보다도 많고 모래알보다도 더 많습니다

살전 5:9, 하나님이 우리를 세우심은 노하심에 이르게 하심이 아니요 오직 우리 주 예수 그리스도로 말미암아 구원을 얻게 하신 것이라.

주여,
나를 긍휼히 여겨 주옵소서
나를 불쌍히 여겨 주옵소서
나를 용서하여 주옵소서
나의 죄와 허물을 사하시고
나를 성결하게 거룩하게 하시고
나를 구원하여 주옵소서.
이제 나는 날마다 순간마다 정과 욕심을
십자가에 못을 박고 주와 함께 죽겠습니다.

오, 주여, 주는
나의 생명이시며
나의 왕이시며
나의 대제사장이시며
나의 선지자시며
나의 구원자이십니다.

나의 힘이 되신 주님만 의지합니다.

시 18:1, 나의 힘이 되신 여호와여 내가 주를 사랑하나이다.

자신의 중심으로 자백하며, 죄를 회개하는 자를
사랑으로 용서하여 주시고 깨끗하게 하시는 주시로다.

요일 1:9, 만일 우리가 우리 죄를 자백하면 그는 미쁘시고 의로우사 우리 죄를 사하시며 우리를 모든 불의에서 깨끗하게 하실 것이요.

날마다 나에게 참 평안을 주신 주님께
감사와 찬양을 드립니다

요 14:27, 평안을 너희에게 끼치노니 곧 나의 평안을 너희에게 주노라 내가 너희에게 주는 것은 세상이 주는 것과 같지 아니하니라 너희는 마음에 근심하지도 말고 두려워하지도 말라.

나에게 나의 슬픔을 위로하시고 나의 죄를 용서하시고
나를 세상 끝 날까지 함께 하시고 사랑하시고
나를 구원하실 이는 오직 예수 그리스도
한 분 뿐이십니다. 아멘,

산 자의 하나님

마 22:32,
나는 아브라함의 하나님이요 이삭의 하나님이요 야곱의 하나님이로라 하신 것을 읽어 보지 못하였느냐 하나님은 죽은 자의 하나님이 아니요 산 자의 하나님이시니라 하시니.

하나님은 죽은 자의 하나님이 아니요
살아있는 자의 하나님이시라
하나님에게는 모든 사람이 살았느니라.
하나님 안에서는 모든 사람이 산 자입니다.

부활을 믿지 않던 사두개인들이 예수님을
찾아왔습니다.
그들은 예수님에게 일곱 형제의 죽음을 말하면서
당시의 법에 따라 일곱 형제를
남편으로 맞이한 여인은 부활 후에 누구의 아내냐고 묻습니다.
그 질문의 바탕에는 죽으면 모든 것이 끝이라는
생각이 깔려 있습니다. 그런 그들에게 예수님은,
하나님은 죽은 자의 하나님이 아니라
살아 있는 자의 하나님이라고 말씀하십니다.

예수님이 이 땅에 오신 것은 죄와 허물로
죽었던 우리를 살리시기 위함입니다.
그분을 받아들이는 순간, 죽음에서 생명으로 옮겨집니다.

하나님은 예수를 통해 살아난 자 가운데서
일하시는 하나님입니다. 그분이 우리 가운데
살아 일하신다는 증거가 바로 우리 삶의 변화입니다.
우리가 옛 습관을 버리고 거룩한 일을 하는 것입니다.
우리 안에 살아 일하시는 하나님이
우리에게 마음을 새롭게 함으로 변화를 받아
다른 사람을 살리는 일을 하라고 말씀하십니다.

롬 1:17, 복음에는 하나님의 의가 나타나서 믿음으로 믿음에 이르게 하나니 기록된바 오직 의인은 믿음으로 말미암아 살리라 함과 같으니라.

산자가 되는 믿음은 오직 그리스도를 믿는 믿음뿐입니다.
오직 그리스도를 믿는 믿음만이 생명을 얻고 산 자가 됩니다.
예수께서도 아브라함과 이삭과 야곱이
그리스도를 믿는 믿음을 가졌기에 산 자라고 하셨습니다.
그리스도를 믿지 않고 산 자가 된 사람은 단 사람도 없습니다.
그리스도를 믿지 않고 구원받는 방법은 결코 없습니다.
구원은 죄로부터 구원이기 때문입니다.
그리스도께서 내 죄를 짊어지시고
죽으심을 믿을 때만 죄가 사라지고 구원을 얻습니다.

만일, 그리스도의 피 흘리심과 죽으심이 없어도
죄 사함을 받는 방법이 있었다면
예수께서 왜 그토록 중한 십자가 고난을 겪으셨겠습니까?

예수께서는 아브라함이 예수를
믿었다고 증거하셨습니다.(요 8:56)
아브라함은 그리스도를 믿는 믿음으로 이삭을 드렸고(히 11:17)
이삭도 그리스도를 믿는 믿음으로
야곱과 에서를 축복했습니다.(히 11:20)
야곱은 믿음으로 요셉과 아들들을 축복했습니다.(히 11:21)
예수께서는 오경도 모세가 예수를 기록했다고 하셨고,(요 5:46)
구약을 기록한 모든 선지자들이
예수를 기록하셨다고 말씀하셨습니다.(눅 24:27)

구약성경에 그리스도가 없다고 주장하는 자들은
성경에 눈이 덮인 맹인들입니다.
이런 맹인을 좇으면 자신도 맹인이 되고
죽은 자가 되어 구덩이(지옥)에 빠진다는 것을 명심합시다.

하나님은 왜 산 자의 하나님이실까요?
하나님은 구원의 하나님이시며, 사랑의 하나님이시며,
성도들과 영원히 함께 하시는 임마누엘 하나님이시라
산 자의 하나님이십니다.

하나님은 그리스도를 믿고 거듭나서
영생하는 택한 백성들만의 하나님이십니다.

히 13:8, 예수 그리스도는 어제나 오늘이나 영원토록 동일하시니라.

내 안에 살아계신 하나님이 오늘 우리에게
어떤 일을 하자고 말씀하십니까?
복되고 기쁜 날 그 말씀에 순종하는 우리가
될 수 있기를 간절히 소망합니다.

살아 일하시는 산 자의 하나님,
우리를 죄와 허물에서 살리셨으니
더 이상 헛된 멍에를 지지 않게 도와주시옵소서.
오직 하나님이 기뻐하시는 뜻을 분별할 수 있는
지혜를 주셔서 다른 영혼을 살리는 하나님의
귀한 일에 쓰임 받게 하옵소서.
예수 그리스도의 이름으로 기도합니다.

온 백성에게 미칠 큰 기쁨의 좋은 소식

눅 2:10~11,
10. 천사가 이르되 무서워 말라 보라 내가 온 백성에게 미칠 큰 기쁨의 좋은 소식을 너희에게 전하노라
11. 오늘날 다윗의 동네에 너희를 위하여 구주가 나셨으니 곧 그리스도 주시니라.

하나님께서 인간에게 주신 가장 귀한 선물

예수 그리스도, 이름을 예수라 하라.

마 1:20중-주의 사자가 현몽하여 이르되 다윗의 자손 요셉아 네 아내 마리아 데려오기를 무서워하지 말라 그에게 잉태된 자는 성령으로 된 것이라
21. 아들을 낳으리니 이름을 [예수]라 하라 이는 [그가 자기 백성을 그들의 죄에서 구원할 자]이심이라 하니라.

눅 1:31-보라 네가 잉태하여 아들을 낳으리니 그 이름을 [예수]라 하라
32. 그가 큰 자가 되고 지극히 높으신 이의 아들이라 일컬어질 것이요 주 하나님께서 그 조상 다윗의 왕위를 그에게 주시리니
33. 영원히 야곱의 집을 왕으로 다스리실 것이며 그 나라가 무궁하리라.

천사들로부터 목자들이 들은 지상 최대의 기쁜 소식

구주 예수의 나심, 다윗의 동네에 너희를 위하여 [구주가 나셨으니 곧 그리스도 주시니라 지극히 높은 곳에서는 하나님께 영광이요 땅에서는 기뻐하심을 입은 사람들 중에 평화로다.

눅 2:8-그 지역에 목자들이 밤에 밖에서 자기 양떼를 지키더니
9. 주의 사자가 곁에 서고 주의 영광이 그들을 두루 비추매 크게 무서워하는지라
10. 천사가 이르되 무서워하지 말라 보라 내가 온 백성에게 미칠 큰 기쁨의 좋은 소식을 너희에게 전하노라
11. 오늘 다윗의 동네에 너희를 위하여 [구주가 나셨으니 곧 그리스도 주시니라
12. 너희가 가서 강보에 싸여 구유에 뉘어 있는 아기를 보리니 이것이 너희에게 표적이니라 하더니
13. 홀연히 수많은 천군이 그 천사들과 함께 하나님을 찬송하여 이르되
14. 지극히 높은 곳에서는 [하나님께 영광이요 땅에서는 하나님이 기뻐하신 사람들 중에 평화]로다 하니라.

하나님이 심히 사랑하시고 기뻐하시는

그대의 마음에,

그대의 가정에,

그대의 삶 속에,

만왕의 왕, 만주의 주, 되신 예수 그리스도의

구원의 은혜와 영광과 평화와 능력과 축복이

충만하시기를 축복합니다.

성 삼위 하나님께서 내 마음의 방에

영광중에 임재 하셔서 나의 마음과 생각을

다스려주옵소서. 아멘.

죄를 사하는 권세

눅 5:24,
그러나 인자가 땅에서 죄를 사하는 권세가 있는 줄을 너희로 알게 하리라 하시고 중풍병자에게 말씀하시되 내가 네게 이르노니 일어나 네 침상을 가지고 집으로 가라 하시매.

예수님에게 나아올 수 없는 중풍병자를 데려온 사람들이 지붕을 뚫고 환자가 누워있는 침상을
예수님 앞으로 달아 내렸습니다. 예수님은
이들의 믿음을 보시고 **"이 사람아 네 죄사함을**
받았느니라(눅5:20)."고 하셨습니다.
누워있던 그 환자는 일어나서 걷는 것도
죄의 용서도 그 자신으로서는 불가능한 일입니다.
오직 하나님의 능력으로만 가능합니다.

예수님께서 가버나움 집에 오셨다는 소문이 퍼지자
사람들이 몰려왔고 예수님은 말씀을 가르치셨습니다.
그때 네 사람이 한 중풍병자를 메워 왔는데,
인파로 인해 가까이 갈 수 없게 되자,
지붕을 뜯어 구멍을 내고

중풍병자가 누운 상을 달아 내렸습니다.

예수님은 네 친구의 믿음을 보시고
중풍병자에게 말씀하셨습니다.
"작은 자야 네 죄 사함을 받았느니라."(막 2:5)
그들이 기대한 것은 중풍병을 고쳐주시는 것이었지만
예수님은 죄 사함을 먼저 말씀하셨습니다.
사람들은 질병, 돈, 관계 등 많은 문제들을 안고 살면서
그 문제들의 해결을 갈망하고 있습니다.

그러나 깨닫지 못하는 것은 모든 문제들 중
죄 문제가 가장 크고 절박한 문제라는 사실입니다.
죄로 말미암아 하나님과의 관계가 깨어졌고,
그로 인해 모든 불행이 왔고,
그 불행의 마지막은 사망이기 때문입니다

롬 6:23, 죄의 삯은 사망이요.

그런데 여기서 의문이 있습니다.
왜 중풍병자의 믿음이 아닌 네 친구의 믿음을 보시고,
네 친구의 죄가 아닌 중풍병자의 죄를 사하셨는가?
먼저 중풍병자가 누구인지부터 이해해야 합니다.
그는 죄 가운데 나서 불행하게 살다가 죄 가운데
죽을 수밖에 없는 모든 인류를 가리킵니다.

중풍병자처럼 스스로 일어나 주께 나올 수 없는,
전적으로 타락해서 의를 찾거나 행하기에
전적으로 무능한, 살았다 하는 이름은 있으나
전적으로 죽은, 모든 인류를 가리키는 것입니다.

그렇다면 네 친구는 누굴까요?
우리를 구원하시려고 보내신 '네 바람'이며,
우리를 회복하시려고 보내신 '네 대장장이'(슥 1:20~21)입니다.

슥 6:5, 이는 하늘의 네 바람인데 온 세상의 주 앞에 서 있다가 나가는 것이라.

그래서 예수님은 네 친구를 보시고 죄 사함을 주시고
즉시 일어나 자기 상을 들고 집으로 돌아가게 하셨습니다.

"일어나 네 상을 가지고 집으로 가라."(막 2:11)
구원은, 하나님의 부르심에 응답할 능력조차 없는 우리에게
네 친구, 네 바람, 네 대장장이를 보내셔서
우리의 마음을 여시고 듣고 따르게 하시고
죄를 사하시고 하늘에 있는 본향 집으로 돌아가게 하시는
전적인 하나님의 경륜이며 은혜입니다.

롬 4:7-그 불법을 사하심을 받고 그 죄를 가리우심을 받는 자는 복이 있고
8. 주께서 그 죄를 인정치 아니하실 사람은 복이 있도다 함과 같으니라.

우리의 죄가 입증되어야 하지만,
죄의 용서는 입증할 필요가 없으니
죄 사함을 더 쉽게 생각했을 수도 있습니다.
그런데 예수님은 자신에게 죄를 용서하는
권세가 있음을 입증하시기 위해 중풍병자를
고쳐주십니다. 예수님은 "인자가 땅에서
죄를 사하는 권세가 있는 줄을 너희로 알게
하리라"고 하셨습니다.

병을 고치는 일에도 하나님의 능력이 필요하지만.
죄를 용서하는 것은 하나님의 아들이신 예수님만이
할 수 있는 일입니다. 몸이 병든 사람은 병만
나으면 만사가 형통할 것이라고 생각합니다.
그러나 예수님은 단지 육체의 치유를 위해
오신 것이 아닙니다.
우리에겐 죄를 벗겨주실 분이 필요합니다.
그분이 바로 예수 그리스도이십니다.
예수님을 구주로 모셔 이 죄 사함의
역사가 일어날 수 있기를 간절히 소망합니다.

하나님! 육신의 욕구를 채우는 것도 중요 하지만
가장 근본적이고 궁극적인 것이 무엇인지를
늘 생각하며 살게 하옵소서. 우리에게도

필요한 것은 예수님을 통한 죄의 용서임을 알게 하시고
이 진리를 땅 끝까지 전하게 하옵소서.

모든 문제가 죄로 말미암아 왔기에 죄를 회개하므로
예수 그리스도의 이름으로 모든 죄를 사함 받고
모든 병에서 고침을 받아야 합니다.
나 자유 얻었네 너 자유 얻었네 우리 자유 얻었네
죄에서 자유를 얻게 함은 예수의 보혈의 능력으로
뿐입니다.

올라갈 때와 내려올 때

눅 19:4,6,
4. 앞으로 달려가 보기 위하여 뽕나무에 올라가니 이는 예수께서 그리로 지나가시게 됨이러라
6. 급히 내려와 즐거워하며 영접하거늘.

삭개오는 키가 작은 사람의 대명사로 어떻게 해서
삭개오가 주님을 만나는 은총을 받게 되었습니까?

그는 자신의 키가 작은 것 때문에 불평하기보다
남보다 더 열심히 노력하고 수고하여
콤플렉스를 극복하려고 부를 축적하여
재물로 자신의 약점을 강점으로 만들었지만
그것으로 참 기쁨, 참 만족을 얻지 못했습니다.

그에게 주님께서 기회를 주시려고 여리고를 지나가셨습니다.
오늘도. 주님은 나에게 기회를 주시려고
우리 곁을 지나가시는데, 귀로 듣고, 눈으로 보고
인생의 마지막 기회라 생각하시고
하던 일 모두를 뒤로하고

삭개오처럼 주님을 붙잡고, 주님의 음성을 들을 수 있으며,
서서 주께 여짜오되 주여 보시옵소서
내 소유의 절반을 가난한 자들에게 주겠사오며
만일 누구의 것을 속여 빼앗은 일이 있으면
네 갑절이나 갚겠나이다(눅19:8)

우리는 오늘도 하루를 선물 받았습니다.
새로운 시간이 주어졌다는 것은
다시 삶을 새롭게 시작하라는 뜻입니다.
하지만 다시 시작한다는 게 생각만큼 쉽지는 않습니다.
깨끗한 자, 순전한, 또는 '의로운 사람'으로
살라는 의미를 담은 삭개오는 여리고에서
세리장으로 깨끗할 수 없는 길을 걸어왔습니다.
예수님은 "오늘, 구원이 그의 집에 이르렀다."는 말씀과 함께
그를 아브라함의 자손이라고 선언하셨습니다.(눅 19:9)
예수님이 다시 시작한 그의 삶을 격려하신 것입니다.

삭개오는 어떻게 다시 시작할 수 있었을까요?
그가 어려운 상황 속에서 그것을 극복하기 위해
들인 수고와 노력은 결코 과소평가할 수 없습니다.
그러나 그를 다시 시작하게 한 힘은 자신에게서
비롯된 것이 아니었습니다.
그를 바꾼 것은 무화과나무로 올라갈 때가 아니라

거기서 내려오기 시작할 때부터였습니다.
그가 다시 시작할 수 있었던 것은 "속히 내려오라."(눅 19:5)
고 하신 주님의 말씀 때문입니다.

올라가는 것은 자신의 노력으로 가능했습니다.
배신자라고 욕먹어도 이 악물고 꾹 참아 세리장까지
되었습니다. 하지만 그렇게 올라간 곳에서
내려올 수 있는 힘은 "오늘 내 집에
유하여야 하겠다."(눅19:5)고 하신 주님의
말씀에서 얻었습니다.
모으는 것은 그 자신의 힘으로 가능했습니다.
눈 한번 질끈 감고 모른 척 하면
얼마든지 부자가 될 수 있었습니다.

하지만 부끄러운 과거의 잘못을 돌이키기 위해
소유를 내어줄 수 있는 힘은
오직 주님을 만났기 때문에 생겼습니다.
다시 시작할 수 있는 힘은 나로부터가 아니라
돌이킬 수 있는 은혜를 주시는
주님과의 만남으로부터 시작됩니다.
주님을 만나고자 하는 마음,
주님을 보고자 하는 마음,
주님을 배우고자 하는 간절한 마음이,

주님을 사랑하는 자가 주님의 사랑을 받으며,
간절히 찾는 이가 만남의 은총을 받게 됩니다.

하나님! 올라가야만 하고 모아,
쌓아두기만 해야만 하는 줄로 알았습니다.
올라가기만 하고 내려올 것을
생각지 못한 어리석은 교만, 자만,
오만한 나의 추악한 모습이 보이게 하시니
오늘도 회개의 영을 부어주셔서
나 자신을 내려놓고 주님 앞으로 나아갑니다.
오르려고만 하니 돌아볼 줄 몰랐고,
모으려고만 하니 정작 주님을 놓치고 말았습니다.
나의 참 모습을 돌아볼 수 있는
은혜를 허락해 주옵소서.
주와 함께 내려가는 것도
기뻐하게 하시옵소서.

기도는 모든 것을 여는 열쇠

요 15:7,
너희가 내 안에 거하고 내 말이 너희 안에 거하면 무엇이든지 원하는대로 구하라 그리하면 이루리라.

기도는 우리에게 주시는 놀랍고 위대한 능력이요
하나님의 특별한 선물입니다.
이 은혜의 선물을 받아본 사람만이
기도의 응답의 기쁨이 얼마나 큰지
그 사랑이 얼마나 감격스러운지
그 은혜가 얼마나 놀라운지 깊이
깨닫게 되고, 성령 충만 속에서 감사하며
감격하여 찬송하며 힘차게 살게 됩니다.

기도는 하나님께서 자기 백성에게 항상 쉬지 말고
계속하라고 하신 특별한 명령입니다.
성도들의 모든 기도는 향연과 함께 천사의 손에 들려
하나님의 보좌 앞으로 올려드립니다.

계 8:3-또 다른 천사가 와서 제단 곁에 서서 금 향로를 가지고 많은 향을 받았으

니 이는 모든 성도의 기도와 합하여 보좌 앞 금 제단에 드리고자 함이라
4. 향연이 성도의 기도와 함께 천사의 손으로부터 하나님 앞으로 올라가는지라.

기도는 원하는 것을 얻기 위한 것이 아니요
하나님의 뜻을 깨달아 알아
그 뜻을 이루기 위함입니다.

우리가 하나님의 뜻을 알아 이루며 순종하며 살면
우리의 소원한 것 들은 우리가 원하는 것 보다
더욱 넘치도록 놀랍게 이루어 주십니다.
기도의 연속성, 기도의 계속성, 기도의 지속성

살전 5:17, 쉬지 말고 기도하라.

기도는 한순간도 쉴 수 없는 호흡과 같아서
영적 생명을 얻기 위해 평생토록 쉬지 말아야 합니다.

기도란? 하나님 아버지와 그의 자녀들과의
영적으로 교제하는 깊은 사랑의 대화입니다.
기도는 하나님의 마음을 감동하게 하며
하나님의 귀에 애절하게 들려지는 호소의 음성입니다.
환난 날에 하나님을 만날 유일한 비밀 통로입니다.
기도는 전지전능하시고 사랑과 은혜가 풍성하신
십자가의 사랑을 이루실 응답의 약속입니다

요 14:14, 내 이름으로 무엇이든지 내게 구하면 내가 행하리라.

기도는 우리의 힘과 능력으로 감당치 못할
우리의 삶 속에 매일 매 순간 일어나는 여러 가지
크고 작은 문제들을 능히 해결할 수 있는
단 하나의 열쇠가 될 뿐만 아니라
우리의 지혜와 지식과. 인격과 성품과 삶이
하나님 아버지와 예수를 닮아가며 우리 영혼이
더욱 성숙 되도록 자라게 하는 요소입니다.

기도를 통해서 우리는 거룩하신 하나님과 대면하고
그의 세밀한 음성을 마음으로 들을 수 있으며
나를 향하신 하나님 아버지의 계획을 알게 됩니다.
그리고 그 과정은 자연스럽게 날마다
신앙의 연단으로 한 결 같이 이어집니다.
한집에서 사는 사람과 서로 식성과 성품과
행동이 닮아가는 것처럼 하나님과의 만남(기도)이
깊고 오래될수록, 우리는 하나님의 인격과
성품을 닮아가게 됩니다.

빌 2:5-너희 안에 이 마음을 품으라 곧 그리스도 예수의 마음이니
6. 그는 근본 하나님의 본체시나 하나님과 동등됨을 취할 것으로 여기지 아니하시고

이 변화는 기도하는 자에게 오는 당연함이요
또한 하나님의 놀라운 선물의 복입니다.
날마다 순간마다 드리는 기도를 통해서
자신의 인격과 성품의 변화를 체험해 보십시오.
날마다 죄를 회개하므로 주의 보혈로 깨끗이 씻음 받아
정한 마음과 정직한 영으로 하나님 앞에 나아가
주님과 깊이 친밀하게 만나고 주님의 마음을
닮아가길 원함이라

시 51:10, 하나님이여 내 속에 정한 마음을 창조하시고 내 안에 정직한 영을 새롭게 하소서.

기도는 하나님의 귀에 들려지는 단 하나의 인간의
간절한 호소의 음성입니다
모든 기도는 반드시 응답을 받습니다
아직 때가 이르지 않았거나
응답을 받고도 깨닫지 못한 것일 뿐,
때로는 욕망이나 정욕으로 쓰려고 잘못 구할 때에는
응답 되지 않은 것이 응답이 되는 경우도 있습니다.

약 4:3, 구하여도 받지 못함은 정욕으로 쓰려고 잘못 구함이니라.

하나님이 기뻐하실 생명을 구하려거 간절히 기도하세요.

요 15:16, 너희가 나를 택한 것이 아니요 내가 너희를 택하여 세웠나니 이는 너희로 가서 과실을 맺게 하고 또 너희 과실이 항상 있게 하여 내 이름으로 아버지께 무엇을 구하든지 다 받게 하려 함이니라.

가족의 복음화를 위해 간절히 기도하세요.

행 16:31, 이르시되 주 예수를 믿으라 그리하면 너와 네 집이 구원을 받으리라.

지금은 나라가 위경에 처해 있습니다.
한국 역사상 최악으로 하나님의 교회가 심각한
위기에 놓여 있습니다
에스더처럼, "죽으면 죽으리라" 하고 나라의 정세와
민족의 안정과 교회의 평안을 위해 간절히 기도합시다.

전능하신 하나님 아버지여!
하나님의 불꽃 같은 눈으로 이 민족의 패역한
죄를 추적하시어 모든 불의와 불법을 드러나게 하시고
정의와 공의로 공평하게 심판하심을
우매한 이 민족이 깊이 깨달아 알게 하소서.
이 나라를 위하여 말씀을 인도하는 하나님의 종들과
대통령과 모든 정치인들과 법조계의 판. 검사들과
행정부와 공무원들이 공의와 정의로
공평하게 심판하시는 창조주 하나님을
두려워하게 하시어 부정과 불의와 인본주의로

좌경화된 사상이 도처에 가득한 이 민족의 마음과
생각을 정화시켜 주옵소서.
하나님의 교회를 핍박하려는 악한자들을
주께서 맹렬한 불로 성령의 검으로 심판하시옵소서.

우리 곁에 있는 형제자매 중에 감당하기 힘든
어려운 삶과 고통과 환난과 역경 속에서
힘들어 괴로워하는 우리 이웃들을 위해서
주의 사랑과 심장으로 마음과 정성을 다하여
간절히 기도와 간구와 도고를 계속하여 주세요.
주께서 우리의 기도를 들으시고
놀라운 회복의 기적을 그들에게 이루어 주시리라
우리의 애절한 호소와 진실하고 간절한
눈물의 기도는 하나님의 마음을 감동하게 하여
비로소 회복의 응답의 기쁨을 얻게 되리라.

- 아무것도 염려하지 말고 감사함으로 하나님께 아뢰라.
빌 4:6-아무것도 염려하지 말고 다만 모든 일에 기도와 간구로, 너희 구할 것을 감사함으로 하나님께 아뢰라
7. 그리하면 모든 지각에 뛰어난 하나님의 평강이 그리스도 예수 안에서 너희 마음과 생각을 지키시리라.

- 기도하고 의심하지 말라
약 1:6-오직 믿음으로 구하고 조금도 의심하지 말라 의심하는 자는 마치 바람에 밀려 요동하는 바다 물결 같으니

7. 이런 사람은 무엇이든지 주께 얻기를 생각하지 말라
8. 두 마음을 품어 모든 일에 정함이 없는 자로다.

막 11:23, 내가 진실로 너희에게 이르노니 누구든지 이 산더러 들리어 바다에 던져지라 하며 그 말하는 것이 이루어질 줄 믿고 마음에 의심하지 아니하면 그대로 되리라.

- 자신의 죄를 자백하는 기도를 계속하라
요일 1:9, 만일 우리가 우리 죄를 자백하면 그는 미쁘시고 의로우사 우리 죄를 사하시며 우리를 모든 불의에서 깨끗하게 하실 것이요".

기도를 쉬는 것은 큰 죄를 지음입니다.
기도의 능력을 때마다 일마다 체험하고
응답의 기쁨을 누립시다, 주님 앞에 서는 그 날까지.
나 복음 전하다 주를 맞이하리.
나 기도하다가 주를 맞이하리.

나를 위해 오신 예수님

요 17:2~3,
2. 아버지께서 아들에게 주신 모든 자에게 영생을 주게 하시려고 만민을 다스리는 권세를 아들에게 주셨음이로소이다.
3. 영생은 곧 유일하신 참 하나님과 그의 보내신 자 예수 그리스도를 아는 것이니이다.

예수님이 이 세상에 오신 목적(요 17:1~23)

첫째, [하나님 아버지의 이름]을 우리에게 알게 하시려고
요 17:26, 내가 아버지의 이름을 그들에게 알게 하였고 또 알게 하리니 이는 나를 사랑하신 사랑이 그들 안에 있고 나도 그들 안에 있게 하려 함이니이다.

세상 사람들은 하나님은 알되 하나님이
우리 아버지가 되심을 아무도 몰랐습니다.
예수님을 영화롭게 하시어
[아들로 아버지를 영화롭게 하시려] 오셨습니다.

요 17:1, 예수께서 이 말씀을 하시고 눈을 들어 하늘을 우러러 이르시되 아버지여 때가 이르렀사오니 아들을 영화롭게 하사 아들로 아버지를 영화롭게 하게 하옵소서.

둘째, 아버지께서 예수님께 주신 우리(택한 자녀)에게 [영생]을 주시려고

요 17:2, 아버지께서 아들에게 주신 모든 사람에게 [영생을 주게 하시려고] 만민을 다스리는 권세를 아들에게 주셨음이로소이다.

영생의 출처와 정의.
영생의 출처 =
하나님과 예수 그리스도께서 우리에게 영생을 주심이라.
영생의 정의 =
유일하신 참 하나님과 그의 아들 예수 그리스도를 알고
하나님과 예수님과 함께 천국에서 영원히 사는 것이라.

요 17:3, [영생은 곧 유일하신 참 하나님과 그가 보내신 자 예수 그리스도를 아는 것]이니이다.

셋째, [하나님의 말씀]을 우리에게 주시려고

요 17:8, [나는 아버지께서 내게 주신 말씀들을 그들에게 주었사오며] 그들은 이것을 받고 내가 아버지께로부터 나온 줄을 참으로 아오며 아버지께서 나를 보내신 줄도 믿었사옵나이다.

넷째, [예수님의 기쁨]을 구원받은 우리에게 충만히 주시려고

요 17:13, 지금 내가 아버지께로 가오니 내가 세상에서 이 말을 하옵는 것은 그들로 [내 기쁨을 그들 안에 충만히 가지게 하려 함이니이다]

다섯째, 우리로 [하나님께 속한 자]로 살게 하시려고

(우리는 세상에 속한 자가 아니요 예수 그리스도께 속한 자라.)

요 17:14, 내가 아버지의 말씀을 그들에게 주었사오매 세상이 그들을 미워하였

사오니 이는 [내가 세상에 속하지 아니함 같이 그들도 세상에 속하지 아니함으로] 인함이니이다"

여섯째, 우리를 [아버지의 진리의 말씀으로 거룩하게 하시려고]
요 17:18-그들을 진리로 거룩하게 하옵소서 아버지의 말씀은 진리니이다
19. 또 그들을 위하여 [내가 나를 거룩하게 하오니 이는 그들도 진리로 거룩함을 얻게] 하려 함이니이다.

일곱째, [하나님 아버지와 예수 그리스도와 성령으로 우리를 하나가 되게 하시려고]
요 17:21, 아버지여, [아버지께서 내 안에, 내가 아버지 안에 있는 것 같이 그들도 다 하나가 되어 우리 안에 있게 하사] 세상으로 아버지께서 나를 보내신 것을 믿게 하옵소서.

예수님은 하나님 안에 하나님은 예수님 안에
예수님은 우리 안에 우리는 예수님 안에 있어
거룩하신 하나님과 성령의 역사하심으로
하나가 되었음이라 아멘. 할렐루야!

여덟째, [예수님의 영광을 우리에게 주시려고]
요 17:23, 내게 주신 영광을 내가 그들에게 주었사오니 이는 우리가 하나가 된 것 같이 그들도 하나가 되게 하려 함이니이다.

아홉째, 우리로 [천국에서 주님의 영광을 보며 함께 누리게 하시려고]
요 17:24, 아버지여 [내게 주신 자도 나 있는 곳에 나와 함께 있어 아버지께서 창세 전부터 나를 사랑하시므로 내게 주신 나의 영광을 그들로 보게 하시기를

원하옵나이다]

열째, [하나님께서 예수님을 사랑하신 사랑이 우리 안에 있게 하시고 예수님이 친히 우리와 함께 있으시려고]

요 17:26, 내가 아버지의 이름을 그들에게 알게 하였고 또 알게 하리니 이는 나를 사랑하신 사랑이 그들 안에 있고 나도 그들 안에 있게 하려 함이니이다.

열한째, [우리를 죄와 사망의 법에서 십자가의 보혈로 정케 하사 해방시키려고](롬 8:1~21)

"이제 그리스도 예수 안에 있는 자에게는 결코 정죄함이 없나니 이는 그리스도 예수 안에 있는 생명의 성령의 법이 죄와 사망의 법에서 너를 해방하였음이라."

- 하나님께서 예수님을 세상에 보내신 목적

요 3:16, 하나님이 세상을 이처럼 사랑하사 독생자를 주셨으니 이는 그를 믿는 자마다 멸망하지 않고 영생을 얻게 하려 하심이라"

- 길이요 진리요 생명이 되신 예수님을 통해서

아버지께로(천국) 갈 수 있음을 알게 하시려고

요 14:6, 예수께서 이르시되 내가 곧 길이요 진리요 생명이니 나로 말미암지 않고는 아버지께로 올 자가 없느니라.

- 우리가 시험받을 때 도와주시려고

히 2:18, 그가 시험을 받아 고난을 당하셨은즉 시험받는 자들을 능히 도우실 수 있느니라.

- 근심과 두려움이 많은 이 세상에 참 평안을 주시려고

요 14:27, 평안을 너희에게 끼치노니 곧 나의 평안을 너희에게 주노라 내가 너희에게 주는 것은 세상이 주는 것과 같지 아니하니라 너희는 마음에 근심하지도 말고 두려워하지도 말라.

하나님께서 예수님을 이 세상에 보내신 목적과
예수께서 세상에 오신 목적을 깨달았으니
하나님께 경배하며, 생명 다하여 충성하여
주께서 심판의 권세를 갖고 영광과 능력으로 다시 오실
그날까지 함께 영광을 돌리자.

꿈을 꾸리라

행 2:17,
하나님이 가라사대 말세에 내가 내 영으로 모든 육체에게 부어 주리니 너희의 자녀들은 예언할 것이요 너희의 젊은이들은 환상을 보고 너희의 늙은이들은 꿈을 꾸리라.

하나님께서 사랑하시는 자에게 성령으로 주신 꿈은
우리의 삶 속에서 반드시 이루어지게 하십니다.
그 꿈은 형제들에게 미움을 받고, 시기심을 불러일으키는
불가능한, 말도 안 되는 꿈이라고 여겨졌습니다.
그 꿈으로 웅덩이에 빠뜨려지는 고통스러운 일을 당하였고
애굽에 노예로 팔려가는 수모의 삶을 살게 되었고
노예로 보디발의 집에서 일을 할 때
보디발의 아내에게 유혹을 받았으나 범죄 하지 않았음으로
억울하게 모함을 받아 감옥의 어둠 속에서 갇혀
그 꿈이 잊혀져만 갔었습니다.
그러나 하나님의 사람 요셉의 그런 고통의 삶 속에서도
하나님의 주권적 인도하심이 항상 그와 함께 있었습니다.
요셉은 노예로, 노예에서 더 악한 상황인 죄수로
고통스런 감옥 생활을 이어갔습니다.

롬 8:18-생각건대 현재의 고난은 장차 우리에게 나타날 영광과 족히 비교할 수 없도다
28. 우리가 알거니와 하나님을 사랑하는 자 곧 그 뜻대로 부르심을 입은 자들에게는 모든 것이 합력하여 선을 이루느니라.

그 더 악한 상황에서 그 더 수치스러움 속에서
참기 힘든 억울한 상황 속에서 하나님은 요셉을 통하여
하나님의 일(뜻)을 시작하십니다.
옥 중에서 술 맡은 관원장과, 빵 굽는 관원장과의
만남은 우연이 아닌 하나님의 놀라운 섭리 속에
신실하신 하나님의 계획 속에 아름답게 이루어졌습니다.

그리고 바로(파라오)와의 만남 속에서 요셉은 왜
하나님이 자신에게 두 번이나 꿈을 꾸게 하셨는지,
그 꿈은 무엇을 뜻하는지를 알고
그것이 일어날 것을 확실히 믿고 있었습니다.
롬 8:24-우리가 소망으로 구원을 얻었으매 보이는 소망이 소망이 아니니 보는 것을 누가 바라리요
25. 만일 우리가 보지 못하는 것을 바라면 참음으로 기다릴지니라.

하나님이 꿈을 두 번 보이신 것을 반드시 이루어 주실 것으로
그는 믿음으로 확신하였습니다.
그 꿈을 믿는 믿음으로 슬픔의 노예 생활 속에서
억울함과 고통과 외로움과 자유 잃은 감옥 생활 속에서
범죄 한 애굽의 관원장들을 만나게 되었고

요셉은 그들의 꿈 이야기를 자세히 듣게 되었고
요셉은 하나님의 지혜를 얻어 술 맡은 관원장의 꿈과
빵 굽는 관원장의 꿈을 해석해 주었음을 통해
이집트의 왕 바로(파라오) 앞에 담대히 서게 되었고
감히 하나님의 이름을 담대하게 선포하였으며
요셉에게 부어주신 하나님의 지혜를 통해
바로의 두 가지 꿈을 정확하게 해석함으로
바로의 다음 가는 애굽의 총리에 올랐습니다.
고통과 고난의 길이 도리어 영광의 길이 되었습니다.

우리가 처한 현재의 삶이 점점 더 좌절되어지고,
암담하고 힘들어 가지만, 그러나 어떤 상황 속에서도
아버지 하나님께서 내게 주신 꿈을 언젠가는 반드시
이루어주실 것이라는 확실한 믿음이 있다면,
내게 주신 꿈은 반드시 이루어주십니다.

하나님께서 요셉에게 주신 꿈

첫째, 요셉이 형들에게 이르되
"우리가 밭에서 곡식을 묶더니 내 단은 일어서고 당신들의 단은
내 단을 둘러서서 절하더이다."(창 37:7)

둘째, 요셉이 형들에게 이르되
"또 꿈을 꾼즉 해와 달과 열한 별이 내게 절하더이다."(창 37:9)

(해와 달은 부모님을 상징하고 열 한 별은 형제들을 상징함이라)
하나님이 계획하신 대로 요셉의 꿈을 다 이루어주셨도다.
우리 주 예수 그리스도께서 우리에게도 꿈을 주셨도다.

하나님께서 우리에게 주신 영광의 꿈

하나님께서 예수님을 통하여 영광스런 하늘나라에서
우리가 주님과 함께 영생을 누릴 꿈을 주셨고
주님의 재림에 대한 소망의 꿈을 주셨으며
주님의 순결한 신부로 주를 만날 꿈을 주셨고
주님의 거룩한 몸처럼 변화될 꿈을 주셨으며
주님과 함께 세세토록 왕 노릇 할 꿈을 주셨도다
주께서 우리에게 비밀한 새 일을 주셨도다.
이 꿈을 마음에 품고 나의 삶의 앞길에 어떠한 시험과 고난과 유혹과
환난이 온다 해도
주님의 완전하신 약속을 믿고 이 꿈을 나를 통하여
놀랍게 이루어지도록 간절한 마음으로 기도하고
이 생명의 복음을 전하며 주님 만날 그 날까지
날마다 선한 싸움 잘 싸워 자신과 사악한 세상과
사탄 마귀를 이기고 달려갈 길을 끝까지 잘 달리고
믿음을 끝까지 지킴으로
의의 면류관, 생명의 면류관, 정금 면류관을 받을 승리자로
주 앞에 영광 가운데 기뻐하며 찬송하며 서기를 소원함이라.

롬 8:18, 생각컨대 현재의 고난은 장차 나타날 영광과 족히 비교할 수 없도다.

꿈을 꾸는 자는 하나님이 함께한 자요,
미움과 시기와 질투로
형제들에게 버림당함과 웅덩이에 빠뜨림을 당하고
억울한 일을 당하여도
하나님은 그로 연단을 받게 하시고
더욱 영광스런 자리에 높이 세워주시고
하나님께 영광을 올려드리며 승리자로 값진 삶을 살게 하시도다.

우리의 꿈은 실로 영광스럽고 크고 놀라운 복된 꿈이라.
하나님께서 우리에게 주신 가장 영광스런 꿈은
우리가 말씀을 따라 선한 싸움 다 싸우고
달려갈 길 다 달리고 믿음으로 승리하여
아버지의 영광 집에 들어가 주님의 새 예루살렘성에서
주의 순결한 신부로서 주와 함께 먹고 마시며 영생을 누리리.
우리 하나님 아버지와 우리 주 예수 그리스도와
거룩한 성령의 역사로 우리에게 반드시 이루시리라. 아멘.
주여 지난 밤 내 꿈을 이루소서.
~마라나타~ 주 예수여, 속히 오시옵소서. ~아멘

성령을 선물로 받으라

행 11:17,
그런즉 하나님이 우리가 주 예수 그리스도를 믿을 때에 주신 것과 같은 선물을 저희에게도 주셨으니 내가 누구관대 하나님을 능히 막겠느냐 하더라.

우리 성도들에게 가장 중요한 것은
주님의 크고 놀라운 은혜 곧 보혜사 성령을 충만히 받음으로
하나님 아버지의 사랑과 우리 주 예수 그리스도의
십자가의 구속의 사랑을 깊이 깨달음입니다.

행 19:2, 가로되 너희가 믿을 때에 성령을 받았느냐 가로되 아니라 우리는 성령이 있음도 듣지 못하였노라.

우리는 주님이 주신 구원의 은혜 하나만으로도
일평생 감사하며 찬송하며 영광스런 나라에 대한
원대한 소망을 갖고 이 죄악 많은 세상,
불의와 불법이 성행하고 거짓과 속임수가 만연하고
시기 질투와 싸움이 있고 코로나로 두려움과
걱정과 근심 속에 서도 오직 믿음으로 승리하며
주와 함께 힘차게 담대하게 살아갑니다.
초대교회의 사랑의 공동체는

아름다운 삶의 모습입니다.
이상적인 교회상이며,
이상적인 그리스도인들의 삶입니다.
주의 은혜를 충만히 받은 사람들은
한마음과 한뜻을 갖고 살게 됩니다.
초대교회에서는 무리가 한마음과 한뜻이 되었습니다.
그것은 그들이 함께 은혜 받았고
보혜사 성령을 충만히 받아
주님의 사랑을 알았기 때문입니다.

**성령의 지혜와 계시의 정신을 부음 받으면
마음의 눈이 밝아져 세 가지 안목이 열립니다.**

1, 자신의 모습을 보는 영적인 눈이 열립니다
죄인이었던 나,
허물이 많은 나,
한없이 어리석은 나,
무지하고 아둔한 나,
별로 보잘 것 없는 나,
비참한 곳에 빠져 있는 나,
아무 것에도 쓸모 없는 나,
선악을 분별하지 못한 나,
한없이 연약한 나를 제대로 보게 됩니다

그리고 주의 은혜, 곧 성령으로 거듭난
나를 보게 되는 것입니다.

2, 이웃을 보는 영적 눈이 열립니다.
이웃을 보면서 주의 사랑을 나누고
통찰력 있는 고귀한 영적 교제를 시작하게 됩니다.

3, 하나님이 창조주이시며, 나를 위해 독생자를
이 세상에 보내주신 나의 아버지가 되심을 알게 됩니다.
마 5:8, 마음이 청결한 자는 복이 있나니 저희가 하나님을 볼 것임이요.
하나님 아버지의 사랑과 영광과 능력을 알게 되고
영광스런 천국을 보게 되는 영적 눈이 열립니다.
성령의 지혜와 계시의 정신을 부음 받아
신령한 은혜를 받으면 마음이 청결하여
영의 눈이 밝아져 하나님의 사랑을 알게 되고
하나님의 영광을 보게 됩니다.

한마음, 한뜻이 되는 것은 성령의 충만한 은혜를 받고
예수님의 거룩한 마음으로 새롭게 변화될 때
비로소 가능해집니다.
하나님의 자녀들끼리 아름다운 사랑을 나누는
거룩한 삶을 살게 됩니다.

초대교회에서는 제 재물을 제 것이라 하는 이가
하나도 없었습니다.
하나님 안에서,
예수님 안에서,
성령님 안에서,
믿음 안에서,
사랑 안에서,
말씀 안에서,
참으로 놀라운 거룩한 변화의 삶이었습니다.

받은 은혜를 서로서로 나눌 때에 오는 축복

고후 9:8, 하나님이 능히 모든 은혜를 너희에게 넘치게 하시나니 이는 너희로 모든 일에 모든 것이 넉넉하여 모든 착한 일을 넘치게 하게 하려 하심이라.

1, 강하게 됩니다.

딤후 2:1, 네가 그리스도 예수 안에 있는 은혜 속에서 강하고.

성 삼위 하나님의 은혜를 받은 자는
강하고 담대하므로 날마다 순간순간마다
자신을 쳐서 복종시키고 악하고 패역한 세상과
사악하고 간교한 악마와 육적인 자신의
연약한 마음과 생각과 싸워 승리하게 됩니다.

2, 말씀으로 성장합니다.

딤후 3:18, 오직 우리 주 곧 구주 예수 그리스도의 은혜와 저를 아는 지식에서 자라가라.

은혜를 받은 사람은 그 믿음과 지식이 자라 갑니다.

은혜를 충만히 받아야 지혜와 지식이 성장하고

교회도 성장하고, 가정도 평안해지고

믿음이 자라가게 됩니다.

3, 헌금과 선교와 구제로 더욱 삶이 풍성해 집니다.

빌 4:18-내게는 모든 것이 있고 또 풍부한지라 에바브로디도 편에 너희가 준 것을 받으므로 내가 풍족하니 이는 받으실만한 향기로운 제물이요 하나님을 기쁘시게 한 것이라
19. 나의 하나님이 그리스도 예수 안에서 영광 가운데 그 풍성한 대로 너희 모든 쓸 것을 채우시리라.

4. 예수의 십자가와 부활을 담대하게 전합니다.

행 4:33, 사도들이 큰 권능으로 주 예수의 부활을 증거 하니 무리가 큰 은혜를 얻어

우리가 왜 은혜를 받아야 합니까?

우리가 왜 성령을 충만히 받아야 합니까?

초대교회의 사도들과 성도들은 큰 은혜를 받고 난 후에

환난과 고난과 핍박 속에서도 큰 소리로

예수님의 부활을 날마다 담대하게 전파했습니다.

기독교는 예수님의 십자가의 구속의 은혜와
부활의 생명과 영생을 믿고 있습니다.
곧 다시 오실 예수님의 재림을 바라보며
거룩한 행실로 경건함으로 살아갑니다.

벧후 3:11-너희가 어떤 사람이 되어야 마땅하냐 거룩한 행실과 경건함으로
12상. 하나님의 날이 임하기를 바라보고 간절히 사모하라
13상. 우리는 그의 약속대로 의가 있는 곳인 새 하늘과 새 땅을 바라보도다.

은혜를 받은 사람은 예수님의 재림의 약속을 믿고
순종하며 죽도록 충성하며 빛의 자녀로서
착하고 의롭고 진실하여
빛 되고 소금 되어 살아갑니다.
반드시 다시 오실 예수님의 영광스런 재림을
마음과 정성과 뜻을 다하여 준비하며,
성결과 정절로 단장하며, 오직 예수님만을 사모하며,
목숨을 다하여 충성하며 많은 영혼을 구원하며 살아갑시다.

보라 지금은 은혜 받을 때요, 보라 지금은 구원의 날입니다.

"내가 은혜 베풀 때에 너에게 듣고 구원의 날에 너를 도왔도다 하였으니 보라 지금은 은혜 받을 만한 때요. 보라 지금은 구원의 날이로다."(고후 6:2)

기도와 찬미의 역사

행 16:25~26.
25. 밤중쯤 되어 바울과 실라가 기도하고 하나님을 찬미하매 죄수들이 듣더라
26. 이에 홀연히 큰 지진이 나서 옥터가 움직이고 문이 곧 다 열리며 모든 사람의 매인 것이 다 벗어진지라.

기도와 찬송의 능력은 무한한 능력으로 나타납니다.
기도와 찬송은 하나님께서 가장 기뻐 받으십니다.
하나님께 기도하고 찬송을 드릴 때
놀라운 역사가 일어납니다.
견고한 여리고성이 무너지고
옥터가 흔들리고 옥문을 열리고 발의 착고가 풀어졌으며
한 가정이 구원을 받게 되었고
빌립보교회가 세워졌습니다.

우리가 어떤 상황에서도 하나님께 기도하고
찬송을 드릴 때 성령의 능력의 역사로
현재 내게 처한 내가 감당하기 힘든
여러 가지 시험들이 순식간에 물러가고
심히 어려운 환경과 조건들이

순식간에 놀랍게 긍정적으로 변하여지고
근심과 걱정과 고통으로 굳게 닫혀진 삶의 문들이
순식간에 활짝 열려지고 실망과 절망으로 묶여진
고달픈 삶의 착고가 순식간에 풀어지는
놀라운 역사가 우리에게 일어나게 됩니다.

고전 14:15, 그러면 어떻게 할꼬 내가 영으로 기도하고 또 마음으로 기도하며 내가 영으로 찬미하고 또 마음으로 찬미하리라.

기도와 찬미는 신령한 영적 사람의
마땅히 하나님께 드려야 할 제사의 제물입니다.
바울과 실라가 아시아로 가려 하였으나
성령께서 마케도니아로 가게 하심으로
마케도니아 첫 성인 [빌립보]에 이르니
귀신들린 한 여자가 있어 바울이 예수 그리스도의 이름으로
여자에게서 귀신을 쫓아내니 여자가 온전하여 진지라
여자로 인하여 돈벌이를 하던 주인이
바울과 실라를 상관들에게 고발하여 상관들이
바울과 실라의 옷을 벗기고 매를 많이 치고, 옥에 가두고
발을 착고로 채우고, 간수에게 든든히 지키라 하였습니다.

한밤중에 바울과 실라가 함께 기도하고
하나님을 찬송하매 '죄수들이 들었더라.
갑자기 큰 지진이 나서 옥터가 움직이고 문이 곧 다 열리고

모든 사람의 매인 것이 다 벗어졌습니다.
간수가 자다가 깨어 옥문이 열린 것을 보고
죄수들이 도망을 한줄 생각하고 칼을 빼어
자결하려 하거늘 바울이 큰 소리로
[네 몸을 상하지 말라],
[우리가 다 여기 있노라] 하니

간수가 등불을 들고 두려워하며 뛰어 들어가
바울과 실라 앞에 엎드리고 선생들이여,
내가 어떻게 하여야 구원을 얻으리이까 하거늘
바울이 이르되 **"주 예수를 믿으라 그리하면 너와 네 집이
구원을 받으리라."**(행 16:31)고 하였습니다.
간수가 예수를 믿고 구원을 받았으며, 그의 가족이
예수를 믿고 구원을 받았으며
루디아라 하는, 자주 장사를 만나 함께 기도처를 만들고
교회가 세워졌습니다.

어떤 어려움과 절망 속에서도 낙심하지 말고
기쁨과 감사함으로 기도와 찬양을 드려야 합니다.

성령을 따라 행하라

롬 8:5~6,
5. 육신을 좇는 자는 육신의 일을 영을 좇는 자는 영의 일을 생각하나니
6. 육신의 생각은 사망이요 영의 생각은 생명과 평안이니라.

주는 그리스도시요 살아계신 하나님의 아들이신 예수를 바로 알고 바로 믿고, 바로 사는 것이 그리스도인의 사명입니다.

요 8:32, 진리(예수)를 알지니 진리(예수)가 너희를 자유롭게 하리라.

그리스도의 영이 없는 자는 그리스도인이 아니라.
내 안에 예수의 영이신 성령이 계시지 않으면
육에 속한 사람이요 참 그리스도인이라 할 수 없습니다.

끊임없이 성령의 감동을 받고 성령의 말하게 하심을 따라 살아가는 거룩한 삶이 내 안에서 운동하고 있는 자신을 발견해야 합니다.

롬 8:9, 만일 너희 속에 하나님의 영이 거하시면 너희가 육신에 있지 아니하고 영에 있나니 누구든지 그리스도의 영이 없으면 그리스도의 사람이 아니라.

세 분류의 사람

1. 육에 속한 사람

무엇을 먹을까, 무엇을 마실까, 입을까,
세상적인 일에만 모든 것을 가치에 두고
하나님은 찾지 않는 사람들입니다.

2. 육신에 속한 사람

하나님을 알되 하나님을 영화롭게 할 수 없는
종교인들을 말합니다.
종교를 하나의 악세사리로 장식품 정도로 여기면서
선한 일에 열심히 행함으로
구원을 얻을 것을 믿는 자들입니다.

3. 영에 속한 사람

모는 일에 감사하고 하나님 중심으로
시간, 재물, 재능을 주님과 그의 나라를 위하여 사용하고,
오직 믿음, 오직 말씀, 오직 성령, 오직 은혜로 충만하여
세상에서 빛과 소금으로 그리스도의 이름을 높이는
신령한 영적 사람입니다.

그리스도의 영이 없는 자는 모두 육에 속한 자,
육신에 속한 자들입니다.

롬 8:6-육신의 생각은 사망이요 영의 생각은 생명과 평안이니라
7. 육신의 생각은 하나님과 원수가 되나니 이는 하나님의 법에 굴복하지 아니할

뿐 아니라 할 수도 없음이라.

육에 속한 자들은 하늘나라에 기업을 얻지 못하고
죄값으로 심판을 받아 지옥 불못에 떨어질 자들이라.
이 세상엔 하나님의 영(성령=보혜사)과 적그리스도의 영, 즉 거짓 선지자(악령=사탄, 마귀, 귀신)가 있을 뿐입니다.
예수님은 그리스도시요 하나님의 아들이시며
우리의 구주이심을 믿는 자는 하나님께 속한 자요.
예수님을 사대 성인 중 하나라하고 예수님보다
마리아를 신의 어머니로 여겨 더 섬기며
마리아의 무오설과 승천설을 조작하고,
사람인 신부에게 고해성사를 하게 하고
천국과 지옥 사이에 연옥이 있다 하고
교황 무오설을 주장하고
WCC를 조직하여 세계종교통합(범신론)을 이루려는 가톨릭은
적그리스도요 사탄의 회요 계시록에 나타난 음녀입니다.
하나님의 사람은 하나님 나라의 말을 하기에
세상 사람들이 잘 듣지 아니하나
적그리스도의 사람은 세상의 말을 하므로
세상 사람들이 그의 말을 잘 듣느니라.

영을 다 믿지 말고 영들이 하나님께 속하였나 분별하라

요일 4:1-사랑하는 자들아 영을 다 믿지 말고 오직 영들이 하나님께 속하였나

분별하라 많은 거짓 선지자가 세상에 나왔음이라
2. 이로써 너희가 하나님의 영을 알지니 곧 예수 그리스도께서 육체로 오신 것을 시인하는 영마다 하나님께 속한 것이요
3. 예수를 시인하지 아니하는 영마다 하나님께 속한 것이 아니니 이것이 곧 적그리스도의 영이니라 오리라 한 말을 너희가 들었거니와 지금 벌써 세상에 있느니라
4. 자녀들아 너희는 하나님께 속하였고 또 그들을 이기었나니 이는 너희 안에 계신 이가 세상에 있는 자보다 크심이라
5. 그들은 세상에 속한 고로 세상에 속한 말을 하매 세상이 그들의 말을 듣느니라
6. 우리는 하나님께 속하였으니 하나님을 아는 자는 우리의 말을 듣고 하나님께 속하지 아니한 자는 우리의 말을 듣지 아니하나니 진리의 영과 미혹의 영을 이로써 아느니라.

우리가 믿고 따르는 예수 그리스도는
성경대로 오셨고,
성경대로 사셨고,
성경대로 죽으셨고,
성경대로 살아나셨고,
성경대로 승천하셨고,
성경대로 심판의 권세를 가지시고
천사들의 나팔 소리와 함께 세상에 다시 재림하여 오셔서
믿는 자는 영광으로 이끌어 올리시고
악한 자, 불신자들은 심판하여 지옥 불 못에 던지시리라.

진리의 말씀을 옳게 분별하여 가르치고
자신을 하나님께 드리기를 힘쓰자.

딤후 2:15, 너는 진리의 말씀을 옳게 분별하며 부끄러울 것이 없는 일꾼으로 인정된 자로 자신을 하나님 앞에 드리기를 힘쓰라.

사람의 인정보다 하나님께 인정받는
노아 같은 믿음, 아브라함과 같은 믿음, 욥과 같은 믿음
사람을 두려워하는 것이 아니라 하나님을 두려워하는
하나님의 성령의 인도에 순종하는
참 믿음의 사람을 주님은 오늘도 찾고 있습니다.

하나님의 은총을 크게 입은 자여,
성령의 지혜로 영 분별력을 갖고
하나님의 영과 거짓 영들을 분별하여
바른 진리의 말씀 안에서 주님의 뜻을 알아 이루며
주의 다시 오심을 사모하며 기다리며
등과 기름으로 준비하며 영광스런 하늘나라를
소망하며 승리하며 살지라.
하나님의 성령의 지혜와 지식으로 진리의 영과
미혹의 영을 분별하며 거짓 영에게 미혹을 받지 아니하며
또 미혹의 영에게 사로잡힌 자가 되지 말고
성령 안에서 주와 동행하며 빛의 자녀로서
착함과 의로움과 진실함으로 주의 순결한 신부로
값지게 승리하며 살지라.
세상 끝 날까지 항상 우리와 함께 동행하시는
주님을 의지하고 따라가며 찬송하며 승리하며 살지라.

지금 온 세상에 공중권세 잡은 자, 사탄 마귀들과
그들에게 추종하는 세상 권세자들이 불의와 불법과 거짓과 속임수로
우는 사자처럼 택한 백성들을 잡아 삼키려고
동분서주하고 있도다.

마 24:13, 그러나 끝까지 견디는 자는 구원을 얻으리라.

주께서 이르시되 "인자가 올 때에 세상에서 믿음을 보겠느냐"고 하셨습니다.(눅 18:8)

바울 사도처럼 선한 싸움을 잘 싸워 승리하고
천국 문에 이를 때까지 그리스도를 푯대 삼아
끝까지 잘 달리고 환난과 핍박 속에서도
끝까지 믿음을 지키고
성결과 거룩함으로 그리스도의 옷을 입고
주님의 순결한 신부로서 이 말씀을 받은
우리 모두 영광중에 주님 앞에 세움 받기를
예수님의 이름으로 축복합니다.

내가 아니요. 하나님의 은혜로다

고전 15:10,
그러나 나의 나 된 것은 하나님의 은혜로 된 것이니 내게 주신 그의 은혜가 헛되지 아니하여 내가 모든 사도보다 더 많이 수고하였으나 내가 아니요 오직 나와 함께 하신 하나님의 은혜로라.

삶의 기준이 분명하지 않으면 안정을 잃고
혼란스러운 상황을 맞게 됩니다.
심한 경우 인생 자체가 무너지기도 합니다.
인생을 모래 위에 집을 짓느냐, 반석 위에 집을 짓느냐.
이 얼마나 중요한 일입니까.
따라서 우리는 신념, 좌우명, 가치관 등으로
다양하게 표현될 수 있는 인생의 기준은 무엇인지
그 기준은 굳건한지 잘 살펴야 합니다.

고전 20:31, 그런즉 너희가 먹든지 마시든지 무엇을 하든지
다 하나님의 영광을 위하여 하라.

바울은 제물로 바친 고기(육류)를 먹을 것인가
하는 문제를 다루며 결론 부분에서 신앙의
기준을 제시합니다. 크게 보면 바울이 말한 원칙은

'신앙의 기준이 나 자신에서 출발하면
안 된다'는 것이 중심입니다.
내 생각, 내 판단, 내 유익이 기준이 되어서는 안 되며,
'나'라는 틀을 깨뜨려야 한다는 것입니다.
육신의 생각에서 성령이 나의 모든 생각을 사로잡아
그리스도에게 복종하는 그리스도의 삶이 되어야 합니다.

바울이 제시한,
첫 번째 기준 = '모든 것을 하나님의 영광을 위해서 하라.'
두 번째 기준 = '거치는 자(걸림돌)가 되지 말라.'
마지막 기준 = '다른 사람의 유익을 구하라.'
이 기준들은 사실, 예수님이 보여주신 것들입니다.
예수님은 그렇게 사셨고,
바울은 그러한 주님을 본받아 살았습니다.

이제 우리도 신앙의 분명한 기준을 붙잡고 성령의
인도하심 가운데 주님 닮은 삶을 살아갈 수 있기를
간절히 소망합니다.

은혜의 하나님! 값없는 은혜와 사랑을 받은 자녀답게 주님을 닮는
일에 애쓰게 하옵소서.
나 중심의 감옥에 갇히지 않고, 주님처럼
하나님의 영광을 드러내며 살게 하옵소서

세상을 이롭게 하고 다른 이들을 돕고 세우는 일에 열심을 다하여 내가 아니요 그리스도가 되게 하옵소서.

고후 6:8-영광과 욕됨으로 말미암으며 악한 이름과 아름다운 이름으로 말미암으며 속이는 자 같으나 참되고
9. 무명한 자 같으나 유명한 자요 죽는 자 같으나 보라 우리가 살고 징계를 받는 자 같으나 죽임을 당하지 아니하고
10. 근심하는 자 같으나 항상 기뻐하고 가난한 자 같으나 많은 사람을 부요하게 하고 아무것도 없는 자 같으나 모든 것을 가진자로다.

말세지말에 살아가는 성도에게 성령의 지혜와 계시로
성령의 열매를 맺는 오늘 이 하루도
말씀을 적용하여 승리의 삶을 살게 되시기를 축복합니다.

예수 안에서 하나

갈 3:28,
너희는 유대인이나 헬라인이나 종이나 자주자나 남자나 여자 없이 다 그리스도 예수 안에서 하나이니라.

죄인인 우리가 예수 그리스도의 피로
거룩하신 하나님과 예수님과 성령 안에서 하나가 되었음이라.

하나 됨의 비밀

엡 4:4-몸이 하나이요 성령이 하나이니 이와 같이 너희가 부르심의 한 소망 안에서 부르심을 입었느니라
5. 주도 하나이요 믿음도 하나이요 세례도 하나이요
6. 하나님도 하나이시니 곧 만유의 아버지시라 만유 위에 계시고 만유를 통일하시고 만유 가운데 계시도다.

예수님의 살과 피로 하나님과 하나 된 우리
요 6:56-내 살을 먹고 내 피를 마시는 자는 내 안에 거하고 나도 그 안에 거하리니
57. 살아계신 아버지께서 나를 보내시매 내가 아버지로 인하여 사는 것 같이 나를 먹는 그 사람도 나로 인하여 살리라.

예수님의 영광으로 하나님과 하나 된 우리

요 17:22, 내게 주신 영광을 내가 저희에게 주었사오니 이는 우리가 하나 된 것 같이 저희도 하나가 되게 하려 함이니이다.

예수님의 사랑으로 하나

요 17:23, 곧 내가 저희 안에 아버지께서 내 안에 계셔 저희로 온전함을 이루어 하나되게 하려 함은 아버지께서 나를 보내신 것과 또 나를 사랑하심 같이 저희도 사랑하신 것을 세상으로 알게 하려 함이로소이다.

예수께서 하나님과 우리를 하나 되게 하신 목적은?
- 하나님의 나라에서 예수님의 영광을 우리로 보게 하시고
주의 영광을 함께 누리게 하기 위하여.

요 17:24, 아버지여 내게 주신 자도 나 있는 곳에 나와 함께 있어 아버지께서 창세 전부터 나를 사랑하시므로 내게 주신 나의 영광을 저희로 보게 하시기를 원하옵나이다.

오직 성령으로 하나 되게 하신 것 같이….

엡 4:2-모든 겸손과 온유로 하고 오래 참음으로 사랑 가운데서 서로 용납하고
3. 평안의 매는 줄로 성령의 하나 되게 하신 것을 힘써 지키라.

우리가 하나 됨의 복을 받게 된 것은
하나님의 지극한 사랑과 우리 주 예수 그리스도의
한없는 사랑과 은혜와 우리 안에 역사하신
성령의 충만한 은총으로 우리가 주의 보혈로 씻음 받아 온전히 하나

되었음이라.
우리가 주께 받은 계명은 하나님을 사랑하는 자는
또한 그 형제를 사랑할지니라"
거룩함으로 하나 됨.
예수님은 하나님 안에,
하나님은 예수님 안에,
예수님은 내 안에,
나는 예수님 안에 있어
성령의 거룩하게 하심으로
하나가 되었음이라.

주님의 (성 만찬) 살과 피로 하나 된 우리!
우리는 세상에서 가장 존귀한 자들이라.
주님이 우리를 향해 사랑하셨듯이
기쁨으로 충성함으로 하나님께 감사함으로
주의 날까지 화목함으로 서로서로 사랑하며
섬기며 아름답게 살지라.
분열과 분쟁 분파는 사단 마귀의 전략이므로
속고 속이는 일이 없도록 늘 깨어서 영적으로
무장하여, 오늘도 말씀을 적용하여 승리의
날이 되시기를 축복합니다.

하나 되게 하시는 영

엡 4:3,
평안의 매는 줄로 성령의 하나 되게 하신 것을 힘써 지키라.

거룩하신 하나님과 예수 그리스도로 인하여
하나 된 자의 삶, 거룩함의 하나 됨
거룩하신 하나님과 죄와 허물 된 내가
하나가 될 수 있는 단 하나의 비결은
예수님을 구주로 영접하여 십자가의 흘리신 보혈로
속죄함 받고 성결함을 입어 하나님의 자녀가 됨으로써
하나님과 하나가 되었음이라.

예수님은 하나님 안에 하나님은 예수님 안에
예수님은 내 안에 나는 예수님 안에 있어
하나 됨의 거룩한 삶을 살아가는 자가 되었도다.

요 17:21, 아버지여, 아버지께서 내 안에, 내가 아버지 안에 있는 것 같이 그들도 다 하나가 되어 우리 안에 있게 하사 세상으로 아버지께서 나를 보내신 것을 믿게 하옵소서.

이제 내가 육체 가운데 사는 이유는?

이제 내가 산 것은 내가 산 것이 아니요
오직 내 안에 예수의 영이 사는 것이라.

우리의 삶을 예배 중심의 삶으로
날마다 하나님께 드립시다.
하나님의 성전에서 거룩한 산제물로
몸과 마음을 드려 신령과 진리로
감사와 찬양을 드리어 영적 예배를 드리고
날마다의 삶 속에서 이 세대를 본받지 말고
말씀 따라 순종하며 죽도록 충성하며
하나님의 자녀답게 선한 싸움에서
승리하며 살아갑시다.

롬 12:1-그러므로 형제들아 내가 하나님의 모든 자비하심으로 너희를 권하노니 너희 몸을 하나님이 기뻐하시는 거룩한 산 제물로 드리라 이는 너희가 드릴 영적 예배니라
2. 너희는 이 세대를 본받지 말고 오직 마음을 새롭게 함으로 변화를 받아 하나님의 선하시고 기뻐하시고 온전하신 뜻이 무엇인지 분별하도록 하라.

거룩한 삶 성결한 삶을 살자
벧전 1:16, 기록되었으되 내가 거룩하니 너희도 거룩할지어다 하셨느니라.

나를 택하신 하나님 아버지와
나의 생명의 주인 되신 예수 그리스도와
성령의 인치신 역사로 하나 된 나,

이제 주님의 생각이 나의 생각이 되게 하시고

주님의 마음이 나의 마음이 되게 하시고

주님의 눈이 나의 눈이 되게 하시고

주님의 귀가 나의 귀가 되게 하시고

주님의 두 손이 나의 두 손이 되게 하시며

주님의 두 발이 나의 발이 되게 하시며

주님의 사랑이 나의 사랑이 되게 하시고

주의 기쁘신 일이 나의 기쁜 일이

되게 하시고 주님의 삶이 나의 삶이

되게 하시고 주님의 영광이 나의 영광이

되게 하시어 주님이 머무르고 싶은 곳에

나도 머무르게 하시고 주님이 하시고자 한 일을

내가 할 수 있게 하시고

주님이 사랑하시는 자들을 나도 사랑하게 하시고

주님이 돌보고자 한 사람들을 나도 도울 수 있게 하시고

주님이 복음을 전하고자 한 곳에

나도 가서 전하게 하소서..

정욕과 탐심을 십자가에 못 박은 그리스도 예수의 사람들

갈 5:24, 그리스도 예수의 사람들은 육체와 함께 그 정욕과 탐심을 십자가에 못 박았느니라.

그리스도의 부르심의 소망을 둔 자의 삶

요일 3:3, 주를 향하여 이 소망을 가진 자마다 그의 깨끗하심과 같이 자기를 깨끗하게 하느니라.

말씀을 옳게 분별하여 지혜와 계시의 영으로 살자.

딤후 2:15, 너는 진리의 말씀을 옳게 분별하며 부끄러울 것이 없는 일꾼으로 인정된 자로 자신을 하나님 앞에 드리기를 힘쓰라.

주님 앞에 이를 때까지 이런 모습으로 살자

살전 5:16-항상 기뻐하라
17. 쉬지 말고 기도하라
18. 범사에 감사하라 이것이 그리스도 예수 안에서 너희를 향하신 하나님의 뜻이니라
19. 성령을 소멸하지 말며
20. 예언을 멸시하지 말고
21. 범사에 헤아려 좋은 것을 취하고
22. 악은 어떤 모양이라도 버리라
23. 평강의 하나님이 친히 너희를 온전히 거룩하게 하시고 또 너희의 온 영과 혼과 몸이 우리 주 예수 그리스도께서 강림하실 때에 흠 없게 보전되기를 원하노라
24. 너희를 부르시는 이는 미쁘시니 그가 또한 이루시리라.

오직 예수, 날마다 순간마다
성령의 역사하심으로 새로운 은혜를 사모하며
생활 속에서 예배자로 택함을 받는 자로
날마다 복된 삶을 살아가기를 소망함이라
십자가에서 흘린 보혈의 능력으로

몸과 영이 정결함과 성결함을 받으며
날마다 순간마다 주와 동행하며
나를 보시고 계신 주님의 마음 기쁘시도록
나와 세상을 이기는 승리자가 되기를 원합니다.

구원을 받은 한 사람 한 사람이 주님에게는 너무도 소중하기에 주님은 오늘도 우리를 새로운 존재로 만들어 가고 있습니다.
우리는 그리스도와 하나가 된다는 연합의 교리를 공부하고 배웠습니다. 우리는 이제 그리스도와 뗄래야 뗄 수 없는 운명적인 존재임을 알게 되었습니다.

그리스도를 멀리하겠다는 어리석은 생각은 이제 버립시다.
그리스도와 관계없는 일을 추진하느라 애쓰지 맙시다.
그리스도가 원하지 않는 일은 모두 폐기 처분합시다.
오직 그리스도와 함께 살고 동행하며
하나님의 영광의 일에 참여합시다.

엡 4:13, 우리가 다 하나님의 아들을 믿는 것과 아는 일에 하나가 되어 온전한 사람을 이루어 그리스도의 장성한 분량이 충만한데까지 이르리니.

지극히 높으신 예수

빌 2:9~11.
9. 이러므로 하나님이 그를 지극히 높여 모든 이름 위에 뛰어난 이름을 주사
10. 하늘에 있는 자들과 땅에 있는 자들과 땅 아래 있는 자들로 모든 무릎을 예수의 이름에 꿇게 하시고
11. 모든 입으로 예수 그리스도를 주라 시인하여 하나님 아버지께 영광을 돌리게 하셨느니라.

나는 언제 어디에서나 그 존귀한 분이
나와 함께 계신다고 생각만 해도 감격스럽고
감사하고 기쁘고 즐겁고 참 평안을 얻고 행복합니다.
그분의 이름은 온 천지 만물 가운데
가장 위대한 이름입니다.
그 분은 거룩한 분으로서 누구를 막론하고
자기의 잘못을 인정하고 자기의 죄와 허물을
자백하고 회개하는 자를 보혈로 깨끗하게 하시며
그 누구보다도 더 사랑하시고
그의 죄와 허물까지도 다 용서하여 주시고
영광스런 소망과 기쁨을 충만히 부어주십니다.

그 분의 사랑은 자기를 믿고 신뢰하는 자들이

시험과 환난과 고통 속에 처하여 밤낮으로 눈물로
간절히 간구하는 자의 기도를 들으시고
기쁨의 응답을 주십니다. 그 분의 사랑은,
그 깊이가 하늘에서 땅에까지 이르렀고
그 높이가 땅에서 하늘 영광의 보좌에 이르고
그 너비가 동서남북으로 얼마나 넓은지 측량할 수가 없으며
그 길이는 이제와 영원히 잇대어 있습니다.

시 63:4, 이러므로 내 평생에 주를 송축하며 주의 이름으로 인하여 내 손을 들리이다.

그 분의 변함없는 사랑은 온 세계에, 각 나라에,
각 사람에게 충만하며 빈부귀천을 막론하고
백인, 황인, 흑인을 차별하거나 구별하지 않고
어제나 오늘이나 동일하게 사랑하십니다.
그 분의 사랑은 받은 자만이 알 수 있는 사랑입니다
그 분의 아가 사랑을, 그 분의 성결한 몸을,
그 분의 고결한 생명을, 그 분의 빛난 영광을,
그 분의 거룩한 나라를, 보잘 것 없는 우리에게
조금도 아낌없이 모두 다 주셨음이라.

요 14:14, 내 이름으로 무엇이든지 내게 구하면 내가 시행하리라.

그 분은 만 주의 주시요 만 왕의 왕이시요

우리의 구원자이시요 우리의 생명의 주인이십니다.
그 분은 바로 우리 구주 예수 그리스도시요
살아계신 하나님의 아들이십니다
우리는 모든 일을 자기 뜻대로 이루시는
전지전능하신 하나님과 그의 아들 예수 그리스도를
온전히 믿는 자들이라 그 분의 은혜를 크게 입고
그 분의 사랑을 받은 자만이 이 찬양을
기쁜 마음으로 감격 속에 부를 수 있음이라.

구주를 생각만 해도 이렇게 좋거든.
(찬송: 85장, 통합 85)

1) 구주를 생각만 해도 이렇게 좋거든
   주 얼굴 뵈올 때에야 얼마나 좋으랴.
2) 만민의 구주 예수의 귀하신 이름은
   천지에 있는 이름 중 비할데 없도다.
3) 참 회개하는 자에게 소망이 되시고
   구하고 찾는 자에게 기쁨이 되신다.
4) 예수의 넓은 사랑을 어찌 다 말하랴
   주 사랑받은 사람만 그 사랑 알도다.
5) 사랑의 구주 예수여 내 기쁨 되시고
   이제로부터 영원히 영광이 되소서. 아멘.

주님의 구원의 은혜를 깊이 깨달아 아는 자만이
주님의 사랑을 받은 자만이,
성령을 충만히 받은 자만이
하늘의 비밀을 맛보아 아는 자만이
이 찬송을 힘차게 부를 수 있음이라.

주님의 보좌 앞에서 주님의 빛난 얼굴을
뵈올 수 있을 그 때까지 구원의 기쁨과 감격 속에
나의 소망이신 영광의 주를 날마다 순간마다 바라보며
마음과 뜻과 정성을 다해
이 찬송을 날마다 순간마다 기쁨으로 힘차게 부르리라.

내 몸과 삶 속에서 예수 그리스도만을 존귀하게 하며 살리라.

빌 1:19, 예수 그리스도의 성령의 도우심으로 나를 구원에 이르게 할 줄 아는 고로
20. 나의 간절한 기대와 소망을 따라 아무 일에든지 부끄러워하지 아니하고 지금도 전과 같이 온전히 담대하여 살든지 죽든지 내 몸에서 그리스도가 존귀하게 되게 하려 하나니
21. 이는 내게 사는 것이 그리스도니 죽는 것도 유익함이라.

복음에 합당하게 행하자

빌 1:28-오직 너희는 그리스도의 복음에 합당하게 생활하라
29. 그리스도를 위하여 너희에게 은혜를 주신 것은 다만 그를 믿을 뿐 아니라 또한 그를 위하여 고난도 받게 하려 하심이라.

그분을 위해 당하고 받는 고난은 비교할 수 없는 영광이라

롬 8:18, 생각컨대 현재의 고난은 장차 우리에게 나타날 영광과 족히 비교할 수 없도다.

주님이 주신 사랑을 받은 자는(고전 13:4~7에서)
모든 일에서 오래 참고 인내하며
마음이 온유하며 시기하지 아니하며
자랑하지 아니하며 교만하지 아니하며
무례히 행치 아니하며 자기 유익을
구하지 아니하며 성내지 아니하며
악한 것을 생각하지 아니하며
불의를 기뻐하지 아니하며 진리와 함께 기뻐하며
모든 것을 참으며 모든 것을 믿으며
모든 것을 바라며 모든 것을 견디느니라.

나는 새 예루살렘을 향하여 만왕의 왕으로서
어린 아이들의 호산나 찬송 소리를
기쁘게 들으시며 영광스럽게 입성하실 그 때
그 분이 타고 가시는 어린 나귀 새끼 같도다.
그 분 때문에 지금 나도 그 분이 받으신
사랑과 영광과 환영을 함께 받으며 기뻐함이라.
주의 이름을 부르며 찬양하며,
승리하시기를 축복합니다.

영광을 얻을 자

살후 2:13~14,
13. 주의 사랑하시는 형제들아 우리가 항상 너희를 위하여 마땅히 하나님께 감사할 것은 하나님이 처음부터 너희를 택하사 성령의 거룩하게 하심과 진리를 믿음으로 구원을 얻게 하심이니
14. 이를 위하여 우리 복음으로 너희를 부르사 우리 주 예수 그리스도의 영광을 얻게 하려 하심이니라.

내 영혼이 언제부터 하나님께 택함을 받았을까?
하나님은 왜 나를 택하셨는가?
하나님과 나는 이제 어떤 관계인가?
나는 택함 받은 자로 어떻게 살아야 하는가?
내가 가고 있는 목적지가 어디인가?
하나님은 나를 언제 택하셨는가?

하나님은 이렇게 말씀하십니다.
여호와께서 태초에 일을 시작하기 전에,
만세 전부터 땅이 생기기 전부터 나를 택하여
세우셨으며 모태에서부터 나를 지어낸 자라.

사 44:2, 나는 너를 만들었고 너를 모태에서부터 지어낸 너를 도와줄 여호와라.

"여호와께서 그 조화의 시작 곧 태초에 일하시기 전에 나를 가지셨으며 만세 전부터 태초부터 땅이 생기기 전부터 내가 세움을 받았도다."(잠 8:22~23)

내 어머니 태에서부터 택함을 받은 자라
갈 1:15, 내 어머니 태로부터 나를 택정하시고 그의 은혜로 나를 부르신 이가

롬 9:11, 그 자식들이 나지도 아니하고 무슨 선이나 악을 행하지 아니한 때에 하나님의 뜻을 따라 택하심을 받았음이라.

하나님은 왜 나를 택하셨는가?

1. 하나님을 섬기게 하시려고
신 21:5, 여호와께서 택하사 자기를 섬기게 하셨음이라.

2. 예수 그리스도의 이름을 이방인들과 임금들과 이스라엘에게 전하게 하시려고
행 15:3, 주께서 이르시되 가라 이 사람은 내 이름을 이방인들과 임금들과 이스라엘 자손들에게 전하기 위해 택한 나의 그릇이라.

3. 하나님을 찬송하게 하시려고
사 43:21, 이 백성은 내가 나를 위하여 지었나니 나를 찬송하게 하려 함이니라.

4. 하나님의 복음을 위하여
롬 1:1, 하나님의 복음을 위하여 택정함을 입었도다.

5. 성령으로 거룩하게 하시고 진리를 믿음으로 구원받게 하시려고

살후 2:13, 주께서 사랑하시는 형제들아 우리가 항상 너희에게 관하여 마땅히 하나님께 감사할 것은 하나님이 처음부터 너희를 택하사 성령으로 거룩하게 하심과 진리를 믿음으로 구원을 받게 하심이라.

6. 형제들아 너희를 택하심을 알라

살전 1:4, 형제들아 너희를 택하심을 아노라.

벧후 1:10, 너희 부르심과 택하심을 굳게 하라.

하나님은 어떤 자들을 택하셨는가?

1. 세상에 미련한 것들을 택하심

고전 1:27, "세상에 미련한 것들을 택하사 지혜 있는 자들을 부끄럽게 하시고.

2. 세상에서 약한 것들을 택하심

고전 1:27, 세상의 약한 것들을 택하사 강한 것들을 부끄럽게 하심이라

3. 천한 것들과 멸시받고 없는 것들을 택하심

고전 1:28, 하나님께서 세상의 천한 것들과 멸시받는 것들과 없는 것들을 택하사 있는 것들을 폐하려 하심이라.

4. 세상에 가난한 것들을 택하심

약 2:25, 내 사랑하는 형제들아 들을지어다 하나님이 세상에서 가난한 것들을 택하사 믿음에 부요하게 하시고 또 자기를 사랑하는 자들에게 약속하신 나라를 상속으로 받게 하지 아니하셨느냐.

5. 성령과 지혜가 충만한 자를 택하심.

행 6:3, 형제들아 너희 가운데서 성령과 지혜가 충만하여 칭찬받는 사람 일곱을 택하라

택함을 받은 나는 하나님과 어떤 관계인가?

나는 예수님을 믿음으로 하나님의 자녀가 되었도다

요 1:12-영접하는 자 곧 그 이름을 믿는 자들에게는 하나님의 자녀가 되는 권세를 주셨으니
13. 이는 혈통으로나 육정으로나 사람의 뜻으로 나지 아니하고 오직 하나님께로부터 난 자들이니라 이제 나는 하나님과 예수님과 성령의 역사로 하나가 되었도다.

요 17:21-아버지여, 아버지께서 내 안에, 내가 아버지 안에 있는 것 같이 그들도 다 하나가 되어 우리 안에 있게 하사 세상으로 아버지께서 나를 보내신 것을 믿게 하옵소서
22. 내게 주신 영광을 내가 그들에게 주었사오니 이는 우리가 하나가 된 것 같이 그들도 하나가 되게 하려함이니이다
23. 곧 내가 그들 안에 있고 아버지께서 내 안에 계시어 그들로 온전함을 이루어 하나가 되게 하려 함은 아버지께서 나를 보내신 것과 또 나를 사랑하심 같이 그들도 사랑하신 것을 세상으로 알게 하려 함이로소이다.

주의 택함을 받은 자의 삶은?

1. 하나님의 성전으로서 성령이 거룩하게 하심 따라 진실하게 살라

고전 3:16-너희가 하나님의 성전인 것과 하나님의 성령이 너희 안에 거하시는

것을 알지 못하느냐
17. 누구든지 하나님의 성전을 더럽히면 하나님이 그 사람을 멸하시리라 하나님의 성전은 거룩하니 너희도 그러하니라.

2. 복음을 전하며 살라

고전 9:16, 내가 복음을 전할지라도 자랑할 것이 없음은 내가 부득불 할 일임이라 만일 복음을 전하지 아니하면 내게 화가 있을 것이로다.

3. 주를 기쁘시게 하며 살라

고후 5:9, 그런즉 우리는 거하든지 떠나든지 주를 기쁘시게 하는 자 되기를 힘쓰노라.

빌 1:20, 살든지 죽든지 내 몸에서 그리스도가 존귀하게 하려 함이라.

4. 복음에 합당하게 살라

빌 1:27, 오직 너희는 그리스도의 복음에 합당하게 생활하라.

5. 그리스도께서 내 안에 살아 계셔서 역사하시도록 하라

갈 2:20, 내가 그리스도와 함께 십자가에 못박혔나니 그런즉 이제는 내가 사는 것이 아니요 오직 내 안에 그리스도께서 사신 것이라 이제 내가 육체 가운데 사는 것은 나를 사랑하사 나를 위하여 자기 자신을 버리신 하나님의 아들을 믿는 믿음 안에서 사는 것이라.

6. 하나님께서 기뻐하시는 열매(생명 구원)를 맺으며 살라

요 15:16, 너희가 나를 택한 것이 아니요 내가 너희를 택하여 세웠나니 이는 너희로 가서 열매를 맺게 하고 또 너희 열매가 항상 있게 하여 내 이름으로 아버지께 무엇을 구하든지 다 받게 하려 함이라.

내가 가고 있는 목적지는?

하나님의 보좌와 우리 주 예수 그리스도의 보좌 앞,
영광스런 하늘나라 주와 함께 영생하는
우리 아버지 집이라.

하나님의 택하심을 받은 거룩한 하나님의 자녀여!
기뻐하라.
감사하라.
기도하라.
찬양하라.
하나님께 경배하라.
강하고 담대하게 주 예수 그리스도의
십자가를 믿고 증거 하라.
네 영광을 온 누리에 환하게 밝게 비춰어라.

양심을 가지라

딤전 4:2,
자기 양심이 화인 맞아서 외식함으로 거짓말하는 자들이라.

인간에게 양심이 없다면 이는 영혼 없는 짐승 같도다.
인간이기를 포기한 인간들이 우리 사회에 넘쳐나고
있다는 것이 재앙을 앞당기고 있습니다.

항상 말씀 안에서 진실을 말하라.

골 3:9, 너희가 서로 거짓말을 하지 말라 옛사람과 그 행위를 벗어 버리고.

거짓말을 하는 습관이 있다면 반드시 고쳐야 합니다.
모든 그리스도인들은 거룩해야 하며 진리 안에 서야 합니다.

요 17:17, 그들을 진리로 거룩하게 하옵소서 아버지의 말씀은 진리니이다.

거짓말쟁이는 그저 거짓말만 하는 것이 아니라
거짓말을 지어냅니다.
또한 자기의 말을 바꾸어 말하고
속이기를 얼굴도 변하지 않습니다.

"개들과 점술가들과 음행하는 자들과 살인자들과 우상 숭배자들과 및 거짓말을 좋아하며 지어내는 자는 다 성 밖에 있으리라."(계 22:15)

그들은 자신들이 '잘못된 것이다!' 는 것을 알고 있지만
고치지 못합니다.
왜냐하면, 자기중심적이고 이기적이기 때문입니다.
그들은 자신의 잘못을 인지할 양심이 마비되어서
결코 인정하지 않고, 회개하지 않는 것이
사탄의 습성과 같습니다.

행 23:1, 바울이 공회를 주목하여 가로되 여러분 형제들아 오늘날까지 내가 범사에 양심을 따라 하나님을 섬겼노라.

"사람은 다 거짓되되 오직 하나님은 참되시다."(롬 3:4)

하나님의 말씀과 일치하지 않는 한
사람의 말은 거짓말입니다.

행 22:16, 이것을 인하여 나도 하나님과 사람을 대하여 항상 양심에 거리낌이 없기를 힘쓰노라.

그럼에도 불구하고
"어느 누구도 하나님 앞에 의로울 수 없어."
하나님 말씀과 일치하지 않기 때문에 거짓말입니다.

딤전 1:5, 선한 양심

딤전 1:19, 착한 양심

딤전 3:9, 깨끗한 양심

딤후 1:3, 청결한 양심

벧전 3:10, 그러므로 생명을 사랑하고 좋은 날 보기를 원하는 자는 혀를 금하여 악한 말을 그치며 그 입술로 거짓을 말하지 말고.

그들은 진리를 말하지 않기 때문에
거짓말 습관에서 벗어날 수 없습니다.

사랑하는 이들이여,

1. 하나님 말씀 안에서 진실하라
시 91:4, 그의 진실함은 방패와 손 방패가 되시나니.

2. 항상 진리를 말하는 습관이 되어 형통하고
좋은 날을 누리는 진실함을 보이라

사 44:24-네 구속자요 모태에서 너를 지은 나 여호와가 이같이 말하노라 나는 만물을 지은 여호와라 홀로 하늘을 폈으며 나와 함께 한 자 없이 땅을 펼쳤고 25. 헛된 말을 하는 자들의 징표를 폐하며 점치는 자들을 미치게 하며 지혜로운 자들을 물리쳐 그들의 지식을 어리석게 하며.

대한민국이 혼란한 가운데서 비틀거리면서 쓰러질 듯 하지만 반드시 공의를 정의를 위하여 하나님이 자유민주주의를 세워 가실 것을 확신합니다.

잠 12:18-칼로 찌름 같이 함부로 말하는 자가 있거니와 지혜로운 자의 혀는 양약과 같으니라
19. 진실한 입술은 영원히 보존되거니와 거짓 혀는 잠시 동안만 있을 뿐이니라.

롬 9:1, 내가 그리스도 안에서 참말을 하고 거짓말을 아니하노라 내게 큰 근심이 있는 것과 마음에 그치지 않는 고통이 있는 것을 내 양심이 성령 안에서 나로 더불어 증거하노니.

양심은 두 가지로 해석.
1. 양심/良心 - 어떤 행위에 대하여 옳고 그름, 선과 악을 구별하는 도덕적 의식이나 마음씨
2. 양심/兩心-두 개의 서로 다른 마음 / 겉 다르고 속 다른 마음

양심(良心)으로 자신을 타인을 사물을 과거를 현재를 미래를 보는 양심으로 살아냅시다.

마 7:15, 거짓 선지자들을 삼가라 양의 옷을 입고 너희에게 나아오나 속에는 노략질하는 이리라.

행함과 믿음

약 2:17,
이와 같이 행함이 없는 믿음은 그 자체가 죽은 것이라.

'믿음'과 '행함'의 관계.
믿음으로 구원을 받고, 행함으로 축복을 받습니다.
정말로 오랫동안 이어져 온 논쟁의 주제입니다.
행함으로 말미암아 구원을 얻는 것이 아니라,
믿음으로 구원을 얻는다는 주장이 항상 늘
지배적입니다.
그러나 야고보서는 분명히 말합니다.
"믿음에 행함이 따르지 않으면, 그 자체만으로 죽은 것입니다."(약2:17)

기독교에서 믿음과 행함의 논쟁은 초대교회로부터 이어져 온 기나긴 교리적 논쟁입니다. 믿음을 강조한 로마서와 행함을 강조한 야고보서가 그 대표적인 성경이라 할 수 있습니다.
'오직 믿음으로'란 캐치프레이즈로 종교개혁을 일으켰던 마르틴 루터는 야고보서를 '지푸라기 성경'이라고도 했습니다.
그런데 로마서와 야고보서가 신구약 성경 66권에 포함되어 정경으로 인정되었다면 이는 분명 하나님 말씀즉 성경으로서의 가치가 있는 겁니다.

저는 로마서와 야고보서를 번갈아 묵상하면서
분명한 사실을 하나 발견하게 되었습니다.
그것은 바로 사도 바울과 야고보 선생은
믿음도 행함도 분명한 분들이었다는 겁니다.
한마디로 말해서 두 분 다 진짜 신앙인이었습니다.
바울은 교회 안에서 '행함'으로 자기를 과시하느라고
그만 하나님의 은혜를 다 망각하고
교만이나 자기 의에 빠진 사람들을 너무나 많이 보아 왔기에
이를 철저히 경고하고 있는 것입니다.

초대 교회 성도들은 이미 믿음의 순수성을 다 잃어버려서
본래의 믿음을 회복하라고 가르치고 있는 겁니다.
진실한 행함은 저절로 따라서 오게 되어 있다고 본 것입니다.
반면에 야고보는 믿음이 좋다고 하는 사람들이
말만 가득하고 실천이 없고, 행함이 없는 것에서
큰 문제점을 발견하고서 말과 교리만 앞세우지 말고
작은 것 하나라도 행동에 옮기라고 강조하고 있는 것입니다.

바울과 야고보는 같은 말을 하고 있는 겁니다.
동전의 양면과도 같습니다.
믿음이 진실해야 한다는 것!

진실한 믿음만이 진실한 행함을 이루어낼 수 있다는 것!
믿음이 없는 행함은 가짜이고,
행함이 없는 믿음은 처음부터 믿음도 아니었다는 것!

그렇습니다. '믿음과 행함!'
이 논쟁 많은 단어들은 '진실!'이라는 한 단어 앞에
하나로 묶이게 되어 있습니다.
'우리의 믿음이 진짜냐? 진실하냐?'로
귀결되는 문제인 겁니다.

우리의 믿음이 진짜라면 진실한 행동이 뒤따라서 옵니다.
왜 그렇습니까?
믿음과 행함은 분리된 것이 아니라 하나이며,
믿음에는 반드시 믿음에 합당한 삶이 포함되어 있기 때문이다.
야고보서는 "구원을 얻기 위해 우리가 어떻게 해야 하느냐?"
를 말하려 한 것이 아닙니다.
"예수 그리스도를 믿음으로 구원을 얻은 우리가
무엇을 해야 하느냐?"를 말합니다.
그리고 예수 그리스도를 믿는 믿음이 있어
구원받은 우리가 어떻게 해야 하는지를 가르쳐 주고 있습니다.

그래서 행함을 강조한 것입니다.
우리를 향한 하나님을 목적은 두 가지입니다.

하나는, 우리가 예수 그리스도를 믿어 구원을 받는 것입니다.
우리를 향한 하나님의 또 다른 목적은,
우리를 통하여 무엇을 하려고 하신다는 것입니다.
그러므로 행함이 없는 믿음은 죽은 것입니다.
또한 믿음이 없는 행함도 죽은 것입니다.

나의 믿음은 행함이 있는 믿음인지 행함이 없는
죽은 믿음인지를 조용히 묵상해봅니다.
오늘 내 믿음과 행함은 어떻게 살아 있는지
돌아볼 수 있기를 소망합니다.
하나님! 입으로만 사랑을 말하며 살았습니다.

어리석은 우리 죄를 회개합니다.
용서해 주시고 새 힘을 주옵소서.
주님께서 원하시는 뜻을 이루게 하시고,
우리에게 허락하신 이들을 주님의 사랑으로
사랑하는 삶을 살게 하옵소서.

롬 4:2, 아브라함이 행함으로 의롭게 되었더라면, 그에게는 자랑할 것이 있었을 것입니다. 그러나 하나님 앞에서는 자랑할 것이 없습니다.

요일 3:18, 자녀 여러분, 우리는 말로나 혀로만 사랑하지 말고, 행함과 진실함으로 사랑합시다.

여러 가지 시험

벧전 1:6~7,
6. 그러므로 너희가 이제 여러 가지 시험을 인하여 잠간 근심하게 되지 않을 수 없었으나 오히려 크게 기뻐하도다
7. 너희 믿음의 시련이 불로 연단하여도 없어질 금보다 더 귀하여 예수 그리스도의 나타나실 때에 칭찬과 영광과 존귀를 얻게 하려함이라.

이 세상에 사는 사람들 중에 시험을 당하지 않은
사람은 아무도 없도다.

자기 백성을 사랑하신 하나님의 긍휼과 자비하심

자녀들에게 감당할 시험을 주시고 시험이 어려워
감당치 못할 때에는 피할 길을 열어주신
사랑의 하나님이시라

고전 10:13, 사람이 감당할 시험 밖에는 너희에게 당한 것이 없나니 오직 하나님은 미쁘사 너희가 감당치 못할 시험 당함을 허락하지 아니하시고 시험당할 즈음에 또한 피할 것을 내사 너희로 능히 감당하게 하시느니라.

시험에서 승리한 자에게 생명의 면류관을 주심

약 1:12, 시험을 참는 자는 복이 있도다 이것에 옳다 인정하심을 받은 후에 하나님께서 자기를 사랑하는 자들에게 약속하신 생명의 면류관을 얻을 것임이라"

시험받는 자들을 능히 도우시는 주

히 2:18, 자기가 시험을 받아 고난을 당하셨은즉 시험받는 자들을 능히 도우시느니라.

우리와 같이 시험을 받으신 주

히 4:15-우리에게 있는 대제사장은 우리 연약함을 체휼하지 아니하는 자가 아니요. 모든 일에 우리와 한결같이 시험을 받은 자로되 죄는 없으시니라
16. 그러므로 우리가 긍휼하심을 받고 때를 따라 돕는 은혜를 얻기 위하여 은혜의 보좌 앞에 담대히 나아갈 것이니라.

십자가의 시험에서 기도로 승리하신 부활의 주

히 5:7, 그가 육체에 계실 때에 자기를 죽음에서 능히 구원하실 이에게 심한 통곡과 눈물로 간구와 소원을 올렸고 그의 경외하심을 인하여 들으심을 얻었느니라.

우리를 온전하게 하시고 모든 것에서 부족함이 없도록 하는 시험

약 1:2-내 형제들아 너희가 여러 가지 시험을 만나거든
온전히 기쁘게 여기라
3. 이는 너희 믿음의 시련이 인내를 만들어 내는 줄 너희가 앎이니라
4. 인내를 온전히 이루라 이는 너희로 온전하고 구비하여 조금도 부족함이 없게 하려 함이라.

하나님을 사랑하는 자 하나님의 뜻대로 부르심을 입은 자에게
모든 일을 합력하여 선을 이루신 하나님

롬 8:28, 우리가 알거니와 하나님을 사랑하는 자 곧 그의 뜻대로 부르심을 입은 자들에게는 모든 것이 합력하여 선을 이루느니라.

사랑하는 자여! 시험에 들지 않도록 항상 깨어 기도하라.
오직 믿음으로 순종하라.
여호와 이레의 하나님, 모든 것을 예비하신 하나님!
여호와 산에서 준비하시리라.
시험에서 승리한 아브라함의 복을 받으세요.
하늘의 신령한 복, 땅에서 기름진 복
후대가 하늘의 별 같이 땅의 모래 같이
많은 민족을 이루리라.
회개에 합당한 기도를 통해 영혼과 몸과 삶이
온전히 회복의 은총을 입을지라.

모든 시험을 주께 맡기고 감사함으로 기도하라

빌 4:6-아무것도 염려하지 말고 다만 모든 일에 기도와 간구로, 너희 구할 것을 감사함으로 하나님께 아뢰라
7. 그리하면 모든 지각에 뛰어난 하나님의 평강이 그리스도 예수 안에서 너희 마음과 생각을 지키시리라.

감사는 최고의 항암제요,

감사는 최고의 해독제요,
감사는 최고의 치료제
그렇습니다! 하나님께서는 감사하며
기쁨으로 살아가는 자에게
놀라운 기적의 은혜를 체험하게 하십니다.

환난 날에 하나님을 부르라

시 50:15, 환난 날에 나를 부르라 내가 너를 건지리니 네가 나를 영화롭게 하리로다.

나를 단련하신 후에는 내가 순금같이 되리라

욥 23:10, 내가 가는 길을 그가 아시나니 그가 나를 단련하신 후에는 내가 순금같이 되어 나오리라.

마 24:13, 그러나 끝까지 견디는 자는 구원을 얻으리라.

주 예수여! 모든 시험에서 건지셨으니 주를 찬송하리이다.

떠난 자리가 아름다운 사람이 되라

벧후 1:14~15.
14. 이는 우리 주 예수 그리스도께서 내게 지시하신 것 같이 나도 이 장막을 벗어날 것이 임박한 줄을 앎이라
15. 내가 힘써 너희로 하여금 나의 떠난 후에라도 필요할 때는 이런 것을 생각나게 하려 하노라.

한 해를 마무리하고 새해를 맞이하는 오늘 이 아침에
나를 돌아보는 경건한 시간이 되었으면 합니다.
사람은 현재 앉은 자리보다 그 사람의 떠난 자리가
더 아름다워야 합니다.

그 분은 참으로 마음과 성품이
온유하고 품위 있고 훌륭한 분이였는데..
그분은 많은 사람들을 위해 선한 일을 많이 했었는데..
그 분은 부족함이 많은 우리에게 많은 교훈을 남겨두셨는데.
그 분은 우리를 참으로 사랑해 주셨고
우리를 위해 기도를 많이 해 주셨는데..

그분은 자신을 돌봄보다도 남을 더 이해하고 배려하고
어렵고 가난한 자들에게 긍휼을 많이 베푸셨는데.

그 분은 욕심도 없이 지침도 쉼도 없이
빛 되고 소금 되어 삶에 지친 영혼을
생명의 주님께 많이 인도하였는데..
그 분은 우리 주 예수 그리스도의
참된 사랑과 희생의 삶을 자신의 삶으로
우리에게 본을 보여주신 분이었도다.

그분은 인격적이였고 지적이셨고 너그러움이 있고
포용력이 있고 이해심이 남다른 사람이었다.
과거의 위대하고 찬란한 업적보다
주님의 영광을 위해 지금 작은 헌신의 삶이
더 값지고 아름답습니다.

너희 안에 예수님의 마음을 품으라.

빌 2:5, 너희 안에 이 마음을 품으라 곧 그리스도 예수의 마음이니.

주의 은혜를 크게 입은 자여! 그대의 마음에 뿌려진
생명의 빛의 씨앗들이 현재 살아가는 삶 속에서
착함과 의로움과 진실함이 성실과
충성스런 헌신으로 의의 열매들이
아름답게 곳곳에 가득히
맺혀지기를 축복합니다.

우리 주께서 그대를 가문의 복음의 통로로 삼으셨으며
주께서 귀한 인연으로 맺어 주신 사람들에게
복음의 통로로 삼으셨음이라

그대의 헌신의 삶 속에서
주님의 향기 듬뿍 뿜어내는
향기롭고 값지고 아름다운 복된
삶이 되시기를 원합니다.

주께서 그대에게 소원을 갖고
크게 기대하고 계심을 알지라.
믿음도 마음도 모습도 아름답고
어여쁘신 주님의 순결한 신부님은
주님의 가슴 속에, 주님의 생각 속에,
주님의 관심 속에, 주님의 섭리 속에,
주님의 사랑 속에, 주님의 품 안에
깊이 곱게 품기운 가장 큰 은혜를 받은 행복자로다.

언제 어디서나 주께서 함께 하심을 마음과 삶 속에서
항상 깊이 느끼며
새벽을 깨우는 고요한 기도의 시간에
주님의 청아한 음성을 귀 기울여 들으며
주의 능력의 오른손에 강하게 이끌림을 받으며

성령께서 주신 생각과 지혜로운 삶으로
날마다 자신과의 싸움과 악한 세상과 싸워
승리하는 성공적인 믿음의 삶을 주님께 기쁘게 드리며
행복한 값진 삶을 살지라.

내가 떠난 자리가 더욱 향기나고 깨끗하고 아름답기를...
내가 심은 씨앗들이 아름답게 풍성히
철을 따라 열매 맺기를...
내가 아버지 앞에 갈 때
가지고 갈 열매가 많기를..

요 15:8, 너희가 열매를 많이 맺으면 내 아버지께서 영광을 받을 것이요 너희가 내 제자가 되리라.

그리스도를 본받아 살리라

고전 11:1, 내가 그리스도를 본받는 자가 된 것 같이 너희는 나를 본받는 자가 되라.

다시 오실 그리스도를 맞이할 신부들에게 주신 옷은 흰 세마포 옷이라.
- 성도들의 옳은 행실이라

계 19:7-우리가 즐거워하고 크게 기뻐하며 그에게 영광을 돌리세 어린 양의 혼인 기약이 이르렀고

8. 그의 아내가 자신을 준비하였으므로 그에게 빛나고 깨끗한 세마포 옷을 입도록 허락하셨으니 이 세마포 옷은 성도들의 옳은 행실이로다 하더라.

행한 대로 갚아주시는 주

계 22:12, 보라 내가 속히 오리니 내가 줄 상이 내게 있어 각 사람에게 그가 행한 대로, 갚아 주리라.

나는 그리스도의 향기요 그리스도의 편지라.
나는 세상의 소금이요 세상의 빛이라.
주를 위한 값진 삶으로 많은 사람들에게
오래오래 기억 되어지는 사람이 되라.

어둡고 썩고 패역한 이 세상에, 빛 되고 소금 되어 이 해를 넘기고 희망찬 새해를 맞이하시기를 축복합니다.

십자가의 사랑

요일 4:10~11,
10. 사랑은 여기 있으니 우리가 하나님을 사랑한 것이 아니요 오직 하나님이 우리를 사랑하사 우리 죄를 위하여 화목제로 그 아들을 보내셨음이니라
11. 사랑하는 자들아 하나님이 이같이 우리를 사랑하셨은즉 우리도 서로 사랑하는 것이 마땅하도다.

우리가 하나님을 사랑한 것이 아니요 오직 하나님이 우리를 사랑하사 독생자를 주셨으니 이는 저를 믿는 자마다 멸망치 않고 영생을 얻게 하려 하심이라.
이것이 십자가의 큰 사랑. 희생의 사랑.

내가 주를 사랑한다는 증거는 무엇인가?

하나님께서 우리에 대하여 자기 사랑을 확증하심

롬 5:8, 우리가 아직 죄인 되었을 때에 그리스도께서 우리를 위하여 죽으심으로 하나님께서 우리에 대한 자기의 사랑을 확증하셨느니라.

내가 주를 사랑한다고 확증할 수 있는 증거?

"네가 나를 사랑하느냐?
내가 주를 사랑한 줄 주께서 아시나이다."

내가 주를 보지 못하나 믿음의 눈으로
주의 영광을 보며 기뻐하며 사랑함이라.

벧전 1:8-예수를 너희가 보지 못하였으나 사랑하는도다 이제도 보지 못하나 믿고 말할 수 없는 영광스러운 즐거움으로 기뻐하니
9. 믿음의 결국 곧 영혼의 구원을 받음이라.

매일 매일의 나의 버거운 삶 속에
여러 가지의 문제를 안고 깊은 생각 속에
고요히 눈을 감고 무릎 꿇고 두 손 모아
간절히 기도할 때, 나를 향한 예수님의 위로하신
모습이 떠오른다면 예수님을 진심으로
사랑한다는 증거입니다
예수님을 생각하면 날 위해 십자가의
속죄의 사랑 때문에 나의 마음이 감격과 감사로
기쁨의 눈물이 가득 차 있다면
예수님을 사랑하고 있다는 확실한 증거입니다.

예수님의 얼굴이 오늘도 나의 마음속에
영광스런 모습으로 환하게 나타났다면
나는 진정으로 예수님을 사랑하는 사람입니다

신랑 되신 예수님과 내가 오늘도 정겨운 말로
사랑의 대화를 나누며 기쁨으로 함께 걸었다면
예수님을 사랑하는 증거입니다
오늘도 예수님과 함께 있고 싶은 마음으로
내 안에 함께 계신 주님이시기를
내가 간절히 사모하였다면
예수님을 사랑한 증거입니다.

주님의 세미한 음성을 듣고 싶은 마음으로
간절히 기도하였다면 예수님을 진심으로
사랑한다는 증거입니다.
"내가 지금도 너와 함께 하노라."

예수님의 청아한 사랑의 음성!
오늘도 나는 주님의 음성을 듣기를
얼마나 사모하였었는가?
주님이 나의 손을 잡아주길 바란다면
정말 예수님을 사랑한다는 증거입니다.
예수님의 강한 오른팔로 오늘도 나의 약한 손을
강하게 꼭 잡아주시길 얼마나 사모하며 기다렸는가?

예수님과 함께 걷고 싶은 마음이 있다면
마음으로 예수님을 사랑한다는 증거입니다.

나를 자기 생명처럼 사랑하신 예수님이
오늘도 나와 함께 나란히 걸어가고 있음이
얼마나 가슴 벅찬 황홀한 시간이였습니까?

예수님의 품에 안기고 싶다면
진정으로 주님을 사랑한다는 증거입니다.
예수님의 사랑과 위로의 따뜻한 품에
깊이 안기우고 싶은 마음이 오늘도 나에겐
얼마나 간절하였는가?
나의 모든 것을 주께 온전히 맡기고 싶은 마음이 있다면
예수님을 참으로 사랑한다는 증거입니다.
모든 것을 자기 뜻대로 이루시는
예수님께 나의 영혼과 나의 삶의 모든 것을
오늘도 온전히 맡기고 승리하며 살아왔다면
예수님을 사랑한 증거입니다
예수님과 함께 오늘도 내일도 영원히
살고 싶은 생각이 있다면 예수님을 누구보다
사랑한다는 증거입니다.

예수님과 날마다 순간마다 영원히 함께
살고 싶은 생각이 나의 마음과 생각과
삶 속에 진정 있는가? 주께서 가시는 길이라면
어떤 고난의 길이라도 함께 가고 싶다면

예수님을 온전히 사랑하는 증거입니다
예수께서 가신 십자가의 길 조롱과 멸시와 핍박과
죽음의 길일지라도 주님과 함께 라면
능히 갈 수 있다고 나는 확신하고 있는가?
주께서 기뻐하시고 좋아하시는 귀한 일을
함께 이루고 싶은 마음이 있다면
예수님을 많이 사랑하는 증거입니다
오늘도 예수님이 기뻐하시고 가장 좋아하시는 일
한 영혼이라도 죄의 길에서 건져 내는
전도자로 증인의 거룩한 삶으로
주님과 함께 기쁘게 이루며 살아왔는가?

주님이 크신 사랑으로. 가까이하신 가난한 자들,
주께서 치료하신 병든 자들,
세상이 돌보지 않는 자들,
범죄 하여 갇혀있는 자들을
삶에 지치고 절망 속에
눈물짓고 있는 자들,
주의 사랑으로 찾아보고 돌보아 주고 위로하고
격려하며 감싸주는 자는
주님을 진정으로 사랑한 자라

오, 주여! 나의 소원은?

언제 어디서나 주님 생각으로 가득 차고
내가 기도할 때마다 예수님의 얼굴이 떠오르고
조용히 귀를 기울이면 주님의 청아한 음성이 들려지고
주님의 강한 손에 붙잡혀 살기 원하며
주와 손에 손잡고 사랑의 대화 나누며
이제와 영원토록 주님을 진정 사랑하며
사모하며 의지하며 모든 것을 맡기고
주님, 기뻐하신 전도하는 일을 하며
영광에 이르도록 동행하므로
주의 뜻 깊이 알아 이루며 충성하므로 주님과 함께
살아가길 간절히 소망합니다.
주께서 나를 데리러 다시 오실 영광스런 그 날까지…

지금은 온 나라 백성이 나라와 민족을 위하여
공의로우신 하나님께 간절히 기도할 때라.

이기는 자

요일 5:5,
예수께서 하나님의 아들이심을 믿는 자가 아니면 세상을 이기는 자가 누구뇨.

끝까지 믿음을 가지고 견디는 자가 구원을 얻으리라.

인내의 필요성과 결과를 말씀하고 있습니다.
인내의 필요성과 결과,

영과 육 간에 조금도 부족함이 없게 함이라

약 1:2-내 형제들아 너희가 여러 가지 시험을 당하거든 온전히 기쁘게 여기라
3. 너희 믿음의 시련이 인내를 만들어 내는 줄 너희가 앎이라 인내를 온전히 이루라 이는 너희로 온전하고 구비하여 조금도 부족함이 없게 하려 함이라.

하나님의 말씀과 예수께 대한 믿음을
지킴으로 죽은 자들은 저희 수고를 그치고 쉬는 복과
저희 행함이 따르기 때문이라

계 14:12-성도들의 인내가 여기 있나니 저희는 하나님의 계명과 예수 믿음을 지키는 자니라

13. 또 내가 들으니 하늘에서 음성이 나서 가로되 기록하라 자금 이후로 주 안에서 죽는 자들은 복이 있도다 하시매 성령이 가라사대 그러하다 저희 수고를 그치고 쉬리니 이는 저희의 행한 일이 따름이라 하시더라.

1. 인내의 결말에 갑절의 복을 받음이라

약 5:11, 보라 인내하는 자를 우리가 복되다 하나니 너희가 욥의 인내를 들었고 주께서 주신 결말을 보았거니와 주는 가장 자비하시고 긍휼히 여기는 자시니라.

2. 고난 중에 인내는 순금 같게 하심이라

욥 23:10, 내가 가는 길을 그가 아시나니 그가 나를 단련하신 후에는 내가 순금 같이 되어 나오리라.

세상에서 당하는 시험을 인내함으로 이긴 자에게 주신 복

1. 낙원의 생명과를 주어 먹게 하리라.

계 2:7, 이기는 그에게는 네가 하나님의 낙원에 있는
생명나무의 과실을 주어 먹게 하리라.

2. 둘째 사망의 해를 받지 않게 하심이라.

계 2:11, 이기는 자는 둘째 사망의 해를 받지 아니하리라.

3. 흰옷을 입혀 주시고 이름을 생명책에 기록하시고
   그 이름을 아버지 앞에서 시인하여 주심이라.

계 3:5, 이기는 자는 이와 같이 흰옷을 입을 것이요 내가 그 이름을 생명책에서 반드시 흐리지 아니하고 그 이름을 내 아버지 앞과 천사들 앞에서 시인하리라.

4. 성전의 기둥이 되게 하심

계 3:12, 이기는 자는 내 하나님 성전에 기둥이 되게 하리니 그가 결코 다시 나가지 아니하리라 내가 하나님의 이름과 하나님의 성 곧 하늘에서 내 하나님께로부터 내려오는 새 예루살렘의 이름과 나의 새 이름을 그이 위에 기록하리라.

5. 이기는 그에게는 예수님의 보좌에 함께 앉게 하여주심이라.

계 3:21, 이기는 그에게는 내가 내 보좌에 함께 앉게 하여주기를 내가 이기고 아버지 보좌에 함께 앉은 것과 같이 하리라.

6. 생명의 면류관을 주심이라.

약 1:12, 시험을 참는 자는 복이 있나니 이는 시련을 이겨 낸 자가 주께서 자기를 사랑하는 자들에게 약속하신 생명의 면류관을 얻을 것이기 때문이라.

7. 평강의 주께서 항상 함께하심이라.

살후 3:16, 평강의 주께서 친히 때마다 일마다 너희에게 평강 주시기를 원하노라 주는 너희 모든 사람과 함께 하실지라.

우리 마음과 생각을 날마다 순간마다 인도하시는 주께서
골고다 십자가의 고난의 길까지도
우리로 인내의 길을 가도록 인도하시리라.
참 평안을 주시는 주,
평강의 주께서 항상 함께하시어
근심과 두려움이 없는 강하고 담대한 믿음과
이 세상이 줄 수 없는 참 평안의 길로 인도하시리라.
"평안을 너희에게 끼치노니 곧 나의 평안을 너희에게 주노라 내가 너희에게 주는 것은 세상이 주는 것과 같지 아니하니라 너희는 마음에 근심하지도 말고

두려워하지도 말라."(요 14:27)

극한 가난의 시련도, 극한 질병의 고통도,
멸시와 천대와 조롱도, 실패와 좌절의 슬픔도,
핍박과 환난과 고난의 고통도,
우리를 모든 일에서 능히 건져 내실 우리 주 예수
그리스도께 맡기고 믿음의 인내와 기도와 찬송으로
날마다 순간마다 자신과 사탄 마귀와 싸워 승리하며
천성을 향하여 힘차게 달려가자.

롬 8:18, 생각하건대 현재의 고난은 장차 우리에게 나타날
영광과 비교할 수 없도다.

마 24:13, 그러나 끝까지 견디는 자가 구원을 얻으리라.

요일 5:5. 예수께서 하나님의 아들이심을 믿는 자가 아니면 세상을 이기는 자가
누구뇨

생명도 귀하고, 돈도 귀하고, 권력도 귀하고,
명예도 귀합니다. 그러나 이보다 더 귀한 것은
하나님을 믿는 믿음입니다.

하나님을 섬기는 믿음,
예수 그리스도를 구주로 섬기는 믿음이 가장 귀한 보배입니다.
이 믿음 안에 생명이 있습니다.

하나님의 능력이 우리들의 삶 속에 흘러 들어옵니다.

믿음보다 더 귀한 보배는 없습니다.
믿음보다 더 강한 능력은 없습니다.
믿음은 세상 풍파를 이기는 능력이요, 무기입니다.

**"믿음의 방패를 가지고 이로써 능히 악한 자의
모든 화전을 소멸하고..."**(엡 6:16)라고 하셨습니다.
어느 때나 누구에게나 시련, 고난, 환란,
역경은 다 있습니다.
성경에 기록된 수많은 믿음의 선진들도
누구 한사람 예외 없이 고난의 세월을 살았습니다.
믿음의 조상 아브라함, 이삭, 야곱, 요셉, 모세,
여호수아, 다윗, 다니엘 등 모두가
믿음으로 험한 세파를 이겼습니다.
"이런 사람은 세상이 감당치 못하도다."(히 11:38)라고 했습니다.
믿음의 사람은 세상이 감당치 못합니다.
**"무릇 하나님께로서 난자마다 세상을 이기느니라 세상을 이긴 이김은 이것이
니 우리의 믿음이니라."**

우리가 아멘 이라는 말을 많이 사용하는데
이 아멘의 뜻은 "기둥에 기댄다."라는 것입니다.
돈에 기대고, 권력에 기대고, 지식에 기대고, 사람에게 기댑니다.

그러나 그러한 것들은 다 변하여 넘어집니다.
내가 기댔던 것이 넘어지면 함께 넘어지고 맙니다.
변하지 않는 것, 무한한 능력에
내 생애를 맡기고 기대야 합니다.
이 세상에서 변하지 않는 것,
무한한 능력은 오직 하나님뿐입니다.

눅 17:5, 사도들이 주께 여짜오되 우리에게 믿음을 더하소서.